ELENI KANTHOU
Maria Callas – die Interpretin

Eleni Kanthou

Maria Callas
– die Interpretin –
Leben und Wirken

Florian Noetzel Verlag
»Heinrichshofen-Bücher« · Wilhelmshaven

Die Autorin möchte ihren Dank der A. G. Leventis Foundation für die Förderung der Drucklegung dieses Werkes aussprechen.

Die Deutsche Bibliothek – CIP-Einheitsaufnahme

Kanthou, Eleni:
Maria Callas : die Interpretin ; Leben und Wirken /
Eleni Kanthou. – Wilhelmshaven: Noetzel,
Heinrichshofen-Bücher, 1994
   ISBN 3-7959-0656-3

INHALT

Anhang

Wolfgang Harrer
gewidmet

VORWORT

Die Hauptstationen in Maria Callas künstlerischer Entwicklung, ihre großen Interpretationen von *Norma*, *Traviata*, *Medea*, *Lucia* oder *Tosca*, dienten mir als Gerüst für den Aufbau dieses Werkes. Ihre frühen Jahre in Griechenland, die in der internationalen Bibliographie bis jetzt wenig Beachtung fanden und mangelhaft dokumentiert worden sind, hob ich hervor.

Als Informationsquellen dienten nicht nur die Werke der internationalen Bibliographie, sondern auch Gespräche mit Künstlern, die M. Callas persönlich gekannt oder mit ihr gearbeitet hatten.

Briefen und Interviews ihrer Freunde und künstlerischen Weggefährten sowie Kritiken aus dem italienischen, englischen und griechischen Sprachraum räumte ich einen wichtigen Platz ein, und ich ließ ihre eigenen Briefe ihre Privatsphäre durchleuchten. Obwohl ich auch private Aspekte ihrer Persönlichkeit nicht außer acht lassen wollte, vermied ich mit Absicht, unkontrollierbare Geschichtchen und Legenden zu erwähnen, es sei denn, um sie zu widerlegen.

Ich hoffe, mit dieser Veröffentlichung dem Namen und der Forschung M. Callas gedient zu haben.

ELENI KANTHOU

DIE FRÜHEN JAHRE

Cecilia Sofia Anna Maria Kalogeropoulou war das dritte Kind des griechischen Apothekers Georgios Kalogeropoulos und seiner Frau Evangelia Dimitriadou und kam am 2. Dezember 1923[1] im *Flower Hospital* in der *fifth avenue* in New York zur Welt.

Vor ihrer Emigration nach Amerika, sie kamen am 2. August 1923 in New York an, lebte die griechische Familie in Meligala, einem Ort in Peloponnes, wo auch die zwei ersten Kinder zur Welt kamen: Jakinthy und der Junge Vassilios, der mit drei Jahren, einige Monate vor der Emigration, an Menengitis gestorben war. Der Entschluß, nach Amerika zu emigrieren, muß überraschend und in Eile gefaßt worden sein, denn Evangelia Kalogeropoulou erwartete gerade ihr drittes Kind, und es ist nicht klar, warum sich George Kalogeropoulos zu diesem Schritt entschloß. Die Gründe können jedoch nicht finanzieller Natur gewesen sein, denn seine Apotheke, die einzige in Meligala und Umgebung, erlaubte ihm und seiner Familie im provinziellen Griechenland von damals ein eher luxuriöses Leben, das sie sogar in der ersten Zeit ihres Aufenthalts in Amerika weiterführen konnten.

Die Familie wohnte anfangs in Astoria Queens, wo viele andere griechische Familien lebten und später in der vierunddreißigsten Straße. George Kalogeropoulos gelang es, eine eigene Apotheke zu führen, bis 1929 der Börsenkrach in der Wallstreet ihn zum Verkauf zwang. Danach mußte er als Handelsreisender für eine pharmazeutische Gesellschaft den Unterhalt seiner Familie bestreiten. Dazu kam, daß die Eheleute Callas, wie sie sich jetzt in Amerika nannten, seit langem keine glückliche Ehe führten; ihre Kinder wuchsen im Schatten dieser Eheprobleme heran. Die Mutter, aus einer traditionellen Militär-Familie stammend, legte großen Wert auf die Erziehung ihrer Töchter, die trotz finanzieller Schwierigkeiten Klavierunterricht bzw. Ballettstunden bekamen. Sie hatte ein ausgeprägtes Interesse für das Theater und eine Vorliebe für die Oper und bald konfrontierte sie die Töchter mit Opernaufnahmen, auch wenn sie nicht die Gelegenheit hatten, eine richtige Opernaufführung zu besuchen.

In der öffentlichen Schule in Washington Heights, die die junge Mary Ann Callas besuchte, nahm sie mit Vorliebe an Kindertheaterstücken teil, und man merkte auch, daß sie eine nette Stimme hatte. Ein schwedischer Nachbar, ein Sänger-Korrepetitor, bot an, das kleine Mädchen umsonst zu unterrichten, was er dann zwei Monate lang mit überraschend guten Resultaten tat.

In der Folge nahm Mary Ann Callas, begleitet von ihrer Schwester am Klavier, an einem Kindergesangswettbewerb teil, wo sie zwei Lieder sang: *La Paloma* und *The Heart That's Free*. Sie soll dabei, wie ihre Schwester berichtet, eine »Bulova« Uhr gewonnen haben. Lange Zeit hielt man es für möglich, daß M. Callas unter dem Pseudonym *Nina Foresti* an der Radiosendung Major Bowes *Amateur-Stunde* mit der Arie der Butterfly *Un bel di* teilgenommen hatte. Obwohl nicht erwiesen ist, daß es sich um M. Callas Stimme handelt, erschien die Arie auf zwei privaten Schallplatten, jedoch weder die Mutter, noch die Schwester, noch M. Callas selbst sprachen je darüber.

Sobald Mary Ann Callas die Schule absolviert hatte, sie war gerade dreizehn Jahre alt, beschloß die ambitionierte Mutter, trotz Einwänden des Vaters, mit ihr nach Griechenland zurückzukehren. Sie hoffte, in Athen, wo die ältere Tochter schon seit einigen Monaten lebte, mit Hilfe ihrer musikliebenden Verwandten, der jüngeren Tochter eine bessere musikalische und sängerische Ausbildung zu ermöglichen.

Dieser große, fast unnatürliche Ehrgeiz der Mutter, mag auf die seelische Entwicklung des Kindes negativ gewirkt haben, musikalisch gesehen war er aber entscheidend für das, was Maria Callas werden sollte. Denn in Athen wurde das Mädchen nach zweijährigem Studium mit Maria Trivella (sie lehrte sie Gesang und Französisch) der berühmten Koloratursopranistin Elvira de Hidalgo vorgestellt.

E. de Hidalgo erzählte später wie lächerlich es ihr vorkam, daß jenes linkische, große Mädchen Sängerin werden wollte, bis es mit der Arie *Ozean, du Ungeheuer* aus C. M. von Webers *Oberon* zu singen begann. Was sie dann hörte, beschrieb sie als *wilde Kaskaden von Tönen, nicht immer unter Kontrolle, aber voll Dramatik und Emotion. . . .*

Die Lehrerin, die damals im *Odeon Athinon* unterrichtete, führte Maria Callas in die Welt des Belcanto ein. Das geschah, und das war das Entscheidende, zu einer Zeit, als die Sänger in Verismo erzogen wurden (z.B. Renata Tebaldi durch Carmen Melis). Obwohl die Stimme der jungen M. Callas ins dramatische Fach tendierte, half ihr de Hidalgo, die Grenzen ihres Instruments zu erreichen, sowohl was den Umfang betraf, als auch die *agilitée* und die Rafinessen der Darbietung. Die Lehrerin, die das Publikum der Mailänder Scala und der Metropolitan mit ihren pfiffigen Koloraturen seinerzeit gefesselt hatte, machte aus der dunkel timbrierten Stimme der jungen Schülerin das, was man Anfang des Jahrhunderts *soprano sfogato* und zu Verdis Zeiten *soprano drammatico d'agilità* nannte: eine Stimmgattung, die dem zwanzigsten Jahrhundert so fremd war, daß ihr Erscheinen auf der internationalen Opernbühne vor einem Publikum, das die historischen Vorbilder und ihr historisches Erbe schon längst vergessen hatte, Verwirrung auslöste. Sogar von Kennern, wie Giacomo Lauri-Volpi einer war, wurde sie als *voce isolata*[2] bezeichnet: *Voce leggera, lirica, drammatica, abbraccia il repertorio rappresentato da tre secoli e mezzo in musica melodica: voce multipla, metodo personalissimo.*

Zwischen Lehrerin und Schülerin entwickelte sich ein freundschaftliches Arbeitsklima und ein Vertrauen, das bis zum Tod Maria Callas dauerte. 1967, in der Zeit ihrer großen stimmlichen Probleme, lud Maria Callas ihre alte Lehrerin nach Paris ein und arbeitete nochmals wie eine Anfängerin mit ihr.

Ihre ersten öffentlichen Auftritte begannen 1938 im Rahmen der Schüleraufführungen des *Ethnikon Odeon*, wo sie als Stipendiatin mit Maria Trivella Gesang und Hevi Pana Klavier studierte.

Bis zum Erscheinen des Buches des Griechen Polyvios Marchand: Maria Callas. Ihre griechische Karriere. Chronik - Athen: Gnossi (1983) in griechischer Sprache erschienen in der gesamten Literatur über M. Callas viele falsche Daten über ihre Auftritte in Griechenland zwischen 1937–1945. Durch Programmzettel-Abbildungen und Zeitungsannoncen konnte P. Marchand das richtige Datum und das genaue Programm aller Auftritte dokumentieren. Auch nachdem dieses wertvolle Material veröffentlicht worden war, behielten neuerschienene Bücher die alten, erfundenen, falschen Daten. Nicht griechisch lesende Autoren, aber auch griechische Autoren, die nicht in Griechenland recherchiert hatten, sondern nur der internationalen Bibliographie ihre Informationen entnahmen, gaben die Daten weiter an. Im Anhang dieses Buches[3] werden Bücher aufgelistet, die falsche Daten enthalten. Leider wird diese Zeit ihres Lebens von der internationalen Bibliographie noch immer ignoriert, und 1990, also sieben Jahre nach Erscheinen der wunderbaren Dokumentation von Polyvios Marsan, liest man im Buch des Deutschen Jürgen Kesting[4]: *Die ersten neun Jahre ihrer Laufbahn, vom Debüt als Santuzza(!) an der Athener Oper* (in Wahrheit debütierte sie an der Athener Oper als Beatrice in *Boccaccio* von F.v.Suppé) *bis zum ersten Auftritt in der Arena von Verona am 3. August 1947* (in Wahrheit am 2. August 1947), *liegen im Halbdunkel, das von Anekdoten und Episoden nur spärlich erleuchtet wird.* Das schreibt J. Kesting und fügt hinzu: *Neun Jahre ohne signifikante Entwicklung, neun Jahre des fanatischen Lernens ohne wirkliche Anerkennung, neun Jahre des Kampfes ohne wirklichen Erfolg ...* Wie man heute durch Programme, Zeitungsartikel und Kritiken belegen konnte, stimmt all das zum Glück nicht, vielmehr das Gegenteil.

Am 11. April 1938 war Marianna Kalogeropoulou, wie sie jetzt unterschrieb, die letzte Kandidatin eines Schülerabends im *Parnassos*. Ihr Programm[5] (wie im Programmzettel angegeben) war:

Freyschütz (Air d'Agathe)	C.M.v.Weber
La Reine de Saba	Gounod
Tosca (Duo)	Puccini

Ihr erster Auftritt in einer kompletten Oper fand am 2. 4. 1939 im Theater *Olympia* statt, wo sie die Santuzza in *Cavalleria Rusticana* sang. Sie war fünfzehneinhalb Jahre alt. Im gleichen Jahr fanden noch drei Schülerabende der Klasse Maria Trivella statt: am 22. und 23. Mai und am 25. Juni. *Marianna Kalogeropoulou* nahm an allen drei teil.

Im Programmzettel stand am 22.5.1939 folgendes:

Contes d'Hoffmann (Duo)	Offenbach
Oberon	Weber
Aida (Ritorna vincitor)	Verdi
Ich werde nicht vergessen	Psarouda
Aida (Addio terra) (Duo)	Verdi

Am 23.5.1939 stand:

Oberon	Weber
Thais (Air de Miroire)	Massenet

Und am 25.6.1939:

Ballo in Maschera	Verdi (Es wurden nur Teile aus dem 3. Akt der Oper gesungen)
Cavalleria Rusticana, 2. Szene	Mascagni

Damit war ihr Studium mit Maria Trivella beendet, und obwohl eine Photographie der jungen Sängerin mit der liebevollen Widmung *To my darling teacher to whom I owe all, Mary Ann* das gute Verhältnis zwischen Lehrerin und Schülerin bekundet, wechselte sie das folgende Jahr ins *Odeon Athinon* zu Elvira de Hidalgo über.

Zwischen November 1939 und 1943 studierte sie in dieser Institution, ohne jedoch ihr Studium mit Diplom abzuschließen. Neben Gesang studierte sie auch Klavier bei Maria Ioannidou und Tassi Filtzou-Valssami. Innerhalb von drei Monaten, am 23. 2. 1940, sang sie bei einem Schülerkonzert zusammen mit Arda Mandikian das Duett *Mira o Norma* aus *Norma* zur Zufriedenheit de Hidalgos: *Brave Kalogeropoulo e Mandikian* schrieb sie auf eine Seite der Partitur, aus der die Mädchen es einstudiert hatten. Das gleiche Duett sangen sie auch bei einer Rundfunkübertragung am 3. 4. 1940.

Bei der Jahres-Abschlußprüfung der Opernschule (16. 6. 1940) inszenierte E. de Hidalgo unter anderem auch *Suor Angelica* mit Maria Kalogeropoulou in der Titelrolle. Vier Tage danach unterschrieb das siebzehnjährige Mädchen mit Hilfe der Lehrerin seinen ersten Vertrag mit der neugegründeten Athener Oper (die *Ethniki Lyriki Skini*).

Das Werk, mit dem sie debütierte, ist die Operette *Boccaccio* von Franz von Suppé. Das genaue Datum ihres ersten Auftrittes bleibt unbekannt, denn sie sang nicht bei der Premiere, die am 21. 1. 1941 stattfand. Sie übernahm später die Rolle der Beatrice, und da das Werk sehr erfolgreich war, wiederholte man es im Sommer, wobei sie alle Vorstellungen sang. Die Operetten-Prosa in griechischer Sprache muß eine schwere Aufgabe für sie gewesen sein, denn ihr damaliges Griechisch war nicht akzentfrei, was man auch bei der *Suor Angelica* kritisiert hatte. Zwischen *Boccaccio* und ihrem nächsten Auftritt am 27. August 1942 als Tosca liegt ein ganzes Jahr, in dem sie ihr gewissenhaftes Studium mit de Hidalgo intensiv fortsetzte, sodaß ihr Auftritt in *Tosca* eine Sensation wurde, besonders da sie erst achtzehn Jahre alt war. Abgesehen von ihren stimmlichen und musikalischen Qualitäten lobten die meisten Kritiker auch ihre Schönheit und ihren Charme, was die so verbreitete Meinung, sie wäre in ihrer Jugend häßlich, ein *häßliches Entlein*, und uncharmant gewesen, Lügen straft, wenn es auch wahr ist, daß Maria Callas später, zwischen 1946 und 1952, übergewichtig war.

Am 28. 8. 1942 schrieb *Il Giornale di Roma*: *Man bedenke, daß es dieser jungen Künstlerin, die kaum achtzehn Jahre alt ist und zum ersten Mal in so einer schwierigen Partie auf der Bühne stand, gelang, die tragische Heldin Puccinis mit so einer Leidenschaft und Wahrhaftigkeit zu verkörpern, daß sie eine echte menschliche Figur schuf. In der Tat stellt die Kalogeropoulou ein wahres Wunder dar: Mit ihrer schönen Stimme, durch die Schule der berühmten Sängerin De Hidalgo bestens kultiviert, mit ihrer Rezitation voll Inbrunst, mit ihrer Schönheit und ihrem Charme.* Die Zeitung *Deutsche Nachrichten in Griechenland* schrieb am 29. 8. 1942: *M. Calogeropoulou brachte für die Tosca eine schöne, gewinnende Bühnenerscheinung mit, die die begehrte Frau und die gefeierte Künstlerin in gleicher Weise glaubhaft machte. Ebenfalls war sie durch eine das Orchester mühelos beherrschende und flexible Stimme ausgezeichnet.* Ihr Erfolg in dieser Rolle sicherte ihr einen guten Platz unter den Sängern des Ensembles, auch wenn er ihr einige Feinde unter ihren Kollegen brachte, die möglicherweise versucht hatten, weitere Auftritte der jungen Kalogeropoulou zu verhindern.

Im Oktober 1942 nahm sie zusammen mit anderen Künstlern an einem Konzert teil, das anläßlich des 150. Geburtstages Gioacchino Rossinis in Saloniki für die italienischen Streitkräfte organisiert worden war. Als Honorar verlangten die Künstler Lebensmittel. Ein Oratorium, das *Stabat mater* von Giovanni Battista Pergolesi in solistischer Besetzung, war das nächste Werk, welches sie einstudierte. Die Aufführung war am 22. 4. 1943 im *Istituto di cultura italiana per la Grecia* in Athen und wurde durch den Rundfunk übertragen.

Ein Jahr verging, ohne daß sie eine Rolle in der Oper bekommen hätte (in *Der Baumeister* des griechischen Komponisten Manolis Kalomiris sang sie nur im Chor des Intermezzos), bis sie im Juli 1943 bei der Wiederholung der *Tosca* mitwirkte.

Am 21. 7. 1943 teilte sie einen Abend mit dem Geiger Nicos Dikeos, in dem man schon die Vielseitigkeit ihres Repertoires deutlich bemerkt hatte. Ihr Programm enthielt folgende Stücke: von G.F.Händel (*Care Selve*), L. v. Beethoven (*Fidelio*), W.A.Mozart (*Entführung*), G. Rossini (*Cenerentola*), G. Verdi (*Il Trovatore*), F. Cilèa (*Adriana Lecouvreur*), wie auch die griechischen Lieder *Kimitiri* von M. Pallandios und *Pandrevoun tin agapi mou* von N. Lavdas.

Sie sang nicht alles, was am Programm stand, denn sie mußte abends noch als Tosca auftreten. Aus den angegebenen Arien sang sie nur *Care Selve*, *Cenerentola*, *Il Trovatore*, *Adriana Lecouvreur* und das Lied *Pandrevoun tin agapi mou*.

Nicht nur die Schönheit und der Reichtum der Stimme, nicht ihre brillante Virtuosität, ein erstaunlicher Atmungsmechanismus, eine unvorstellbare Leichtigkeit und Präzision bei den schwierigsten Vocalisen; vor allem ist es ... die heilige Flamme, die in der Seele dieses jungen Mädchens brennt, die zur richtigen Anwendung ihrer Technik führt ... die Leidenschaft einer Adriana Lecouvreur, die Dramatik einer Leonora ... Diese gleiche Stimme, klar wie der reinste Kristall, mit der Leichtigkeit eines 'soprano leggero' in der Rossinischen Akrobatik, ... so beschrieb Alexandra Lalaouni[6] in der Zeitung *Vradyni*, was sie an jenem Abend gehört hatte.

Das einzige Mal, als sie Lieder gesungen haben soll, war bei einem Rezital in Saloniki (Ende August oder Anfang September 1943). Als einzige Informationsquelle[7] dient eine Kritik in den *Deutschen Nachrichten in Griechenland*: *Maria Kalogeropoulou bescherte uns gestern einen besonderen Genuß mit Schubert- und Brahms-Liedern. Dazwischen sang sie zwei Arien einer unbekannten Rossini-Oper. Das Überraschende dabei war, daß sie zunächst eine Arie der Desdemona darbot, wozu sie einen weißen Umhang trug. Für die folgende Arie des Othello hingegen wendete sie den Umhang mit dem roten Fut-*

ter nach außen, womit ihr der Rollenwechsel auch fürs Auge gelungen ist. Die beiden Rossini-Arien wurden, wie kürzlich das 'Stabat Mater' mit unzähligen Verzierungen gesungen. Dabei könnte es sich um Arien aus G. Rossinis *Othello* handeln, der hier als *unbekannte Oper* erwähnt wird.

Auch bei einem Fest für die ägyptischen Studenten am 26. 9. 1943 nahm sie mit Arien und Liedern teil.

Das Programm enthielt (wie am Programmzettel angegeben):

Fidelio	L.v.Beethoven
Et incarnatus est	W.A.Mozart
Thais	Massenet
Aida(Ritorna vincitor)	Verdi
Canzone Spanola	Turina
Pandrevoun tin agapi mou	

Die italienischen Besatzungstruppen wurden im September 1943 endgültig durch die deutschen ersetzt und das reflektierte sich auch am Spielplan der Athener Oper, die unter anderem *Tiefland* von Eugène D'Albert spielte. In der *Wiener Illustrierte*[8] las man über die Produktion (die Premiere war am 22. 4. 1944): *Maria Kalogeropoulou, Griechenlands derzeit erste und beliebteste Opernsängerin, sang die Martha.*, während die *Deutschen Nachrichten*[9] in *Griechenland* die Athener Erstaufführung lobten und berichteten: *Maria Kalogeropoulou war eine Martha von urwüchsiger Natürlichkeit. Was andere Sängerinnen erst lernen müssen, besitzt sie von Natur. ...* Auch die griechische Presse reagierte äußerst positiv: *Eine äußerst kraftvolle Künstlerin, eines jener göttlichen Talente, die dich in Erstaunen versetzten ..., es gelang ihr, die Rührung und den Enthusiasmus des Publikums zu entfesseln ..., Damit trat sie feierlich durch die goldene Tür der Kunst der großen Rollen ..., Ausdruck, Ehrlichkeit und Leidenschaft; erstaunlich für ihr Alter ...*

Die Berichte aus dieser Zeit zeigen, wie falsch es wäre, zu behaupten, Maria Callas sei durch den einen oder anderen Regisseur oder Dirigenten *geschaffen* worden, auch wenn sie selbst in einem Brief schreibt[10], Tullio Serafin hätte sie *geschaffen*: *Serafin schuf mich; Du weißt, wie er mit mir studiert (...) Er gibt mir seine Seele, weil ich musikalisch perfekt mit ihm übereinstimme!*

In weniger als zwei Wochen, am 6. 5. 1943, verkörperte sie die Santuzza in *Cavalleria Rusticana*, erntete aber im Gegensatz zu *Martha* fast nur negative Kritik. Auch diejenigen, die sie sonst gepriesen hatten, beklagten sich über eine zu dramatische Santuzza, die unglaubwürdig und übertrieben wirkte und die Stimme in Mitleidenschaft gezogen hätte. Mahnende Stimmen erhoben sich aus allen Richtungen, doch war es im Grunde eine konstruktive Kritik, die die junge Sängerin ernst nahm, auch wenn Friedrich Herzog von den *D. Nachrichten* meinte: *Eine Santuzza von triebhaftem Temperament. Ihr dramatischer Sopran entfaltete sich ebenso mühelos wie empfindsam in weit ausgeladener opernhafter Gebärde, der auch die 'Träne in der Stimme' nicht fehlte ...*

Maria Callas sang die Santuzza nie mehr auf einer Bühne. Im August 1953 nahm sie mit Tullio Serafin am Pult die gesamte Oper für EMI auf. Normas *Casta diva*, die so einen wichtigen Platz in M. Callas künstlerischem Leben einnehmen sollte, erschien zum ersten Mal in einem ihrer Konzertprogramme. Es war ein Benefizkonzert zugunsten von mittellosen Künstlern, das am 21. 5. 1944 durch den deutschen Rundfunk von Athen organisiert wurde.

In diesem letzten Besatzungsjahr wurden nur zwei Opern aufgeführt: *Der Baumeister* von M. Kalomiris, in der sie diesmal nicht im Chor auftrat, sondern als Smaragda, und *Fidelio*, beide im Odeon des Herodes Attikus am Fuße der Akropolis. *Fidelio* war die griechische Erstaufführung (139 Jahre nach seiner Weltpremiere) und Maria Kalogeropoulou die erste griechische Leonora.

Die Premiere im antiken Theater fand vor einem emotionsgeladenen Publikum statt. Die deutschen Soldaten, gerührt durch das beliebte deutsche Werk, und das griechische Publikum, das gerade um Freiheit kämpfte, bewegt durch Beethovens Freiheitsaufforderung, vereinigten sich kurz in einer enthusiastischen Ovation. Lange lobende Kritiken von griechischer Seite: *Durch ihr reiches theatralisches Talent, ihre schöne Stimme, ihre musikalische Intuition berührte wahrhaftig ...*[11] *...Völlig dem hohen Beethovenstil gehorchend ...*[12], und die deutschen: *... In dem auf höchste Verinnerlichung gerichteten Spiel standen Maria Kalogeropoulou als Leonore und Anton Delendas als Florestan ebenbürtig nebeneinander. Gesanglich und ausdrucksmäßig entfaltete M. Kalogeropoulou ihren ungewöhnlich ausgiebigen und klangvollen Sopran zu einer Intensität, die das vom reinen künstlerischen Erleben durchglühte Herz in jeder Geste fühlen ließ.*[13]

Im Oktober 1944 verließen die Deutschen Griechenland, die griechische Regierung kehrte zurück, und wenige euphorische Tage folgten, bevor die ersten Unruhen und die Schatten des herannahenden griechischen Bürgerkrieges das Theaterleben der Stadt lahmlegten. M. Kalogeropoulou nahm an den Festivitäten anläßlich der Befreiung nicht teil, wahrscheinlich weil sie in der letzten Zeit der Besatzung zu sehr die Gunst der deutschen Funktionäre genossen hatte. Auch die Konzerte vor italienischen Soldaten, die sie in Saloniki gegeben hatte, gaben nach der Befreiung Anstoß zu Kritik.

Augusta Oltrabella, die große Verismo-Sängerin, die eine lange Karriere (1919–1963) hinter sich hatte, lieferte 1979, bei einem Interview mit Lanfranco Rasponi[14], den Beweis dafür, daß Maria Callas Auftritte vor italienischen Soldaten rein künstlerische Beweggründe hatten und auch nicht durch politische Faktoren bzw. politische Funktionäre zustandegekommen waren: *In meinem langen Berufsleben ... beobachtete ich, wie die alte Garde ging, die zweite Generation kam und verschwand und dann die dritte erschien, die schon in großen Schwierigkeiten steckt. Die Regierung befahl mir während des letzten Krieges, ins damals von Italienern besetzte Athen zu fahren, um in einer Reihe von 'Adriana Lecouvreur'-Vorstellungen und einer Menge von Konzerten zu singen.*

Elvira de Hidalgo rief mich an (sie unterrichtete damals am Konservatorium der griechischen Hauptstadt) und wollte mich treffen. Sie kam ins Hotel und bat mich, einer ihrer Schülerinnen die Gelegenheit zu geben, eine Gruppe von Arien in meinen Konzerten zu singen. Trotz meines Respekts für Elvira, die ich seit unserer gemeinsamen Auftritte in Lissabon gut kannte, bat ich, ... das Mädchen selbst zu hören, und zu meiner Verblüffung erschien eine riesige Fleischmasse, charmlos und furchtbar kurzsichtig, schrecklich arm erscheinend, mit zerrissenen Schuhen. Sie lieferte eine erstaunliche Koloratur, und ich war glücklich, mit ihr mein Programm zu teilen. Es war Maria Callas.

Auch die herzlichen Beziehungen der Mutter zu italienischen und deutschen Militärs, die diese auch in ihrem Buch *My daughter Maria Callas* beschreibt[15], sollen wie der Biograph und Cousin Steven Linakis[16] in seinem Buch berichtet, Maria Callas verletzt und wütend gemacht haben. Polyvios Marchand[17] schrieb, daß die Sängerin damals eine sehr traumatische Zeit verbracht haben muß, *die sie später dazu führte, bestimmte Familienbindungen* (und das war bekanntlich der Kontakt zu ihrer Mutter) *abzubrechen.*

In der ersten Spielzeit nach der Befreiung Griechenlands wurde *Tiefland* mit der alten Besetzung wiederholt, was auch dafür spricht, daß der Erfolg jener Produktion über die politischen Verhältnisse der Zeit hinausreichte. Nach wenigen Tagen (20. 3. 1945) sang sie zum ersten Mal ein Programm in englischer Sprache, die Sprache ihrer Kindheit; es war bei einem *Englischen musikalischen Nachmittag*. Das Programm wie angegeben: *Willow-Willow*, Desdemonas Lied (Anonimus), *Love I have won you* (L. Ronald), *On Wenlock Edge* (V. Williams).

Das Vertragsangebot für die Spielzeit 1945–46 war für M. Kalogeropoulou weniger günstig als ihr bisheriger Vertrag gewesen, und die junge vielversprechende Sängerin beschloß, zu ihrem Vater nach Amerika zurückzufahren und dort ihren Weg fortzusetzen; damit konnte sie auch ihre amerikanische Staatsbürgerschaft behalten. In der gesamten bisherigen M. Callas-Literatur steht, daß ihr Vertrag von der Athener Oper nicht verlängert wurde. Die Wahrheit ist, daß M. Callas den neuen Vertrag als ungerecht ablehnte. Durch ein Konzert im Theater *Rex* verabschiedete sie sich vom griechischen Publikum, und aus dem Erlös konnte sie ihre Überfahrt finanzieren. Die kleine griechische Musikwelt der damaligen Zeit hatte die Begabung der jungen Sängerin in ihren wahren Dimensionen erkannt, wie die Kritik[18] jenes Abschiedskonzerts zeigt: *Die kraftvolle Künstlerin, die ihre vielfache Begabung in den letzten drei Jahren Gefahren ausgesetzt hatte, indem sie so frühzeitig ermüdende Auftritte in schwierigen Werken unternahm, überzeugte uns bei einem Rezital, daß ihr Talent sein Ziel nicht verfehlen wird. ... Eine Stimme .. brillant und dunkel ... der wahre 'Falcon'. Die reiche musikalische Natur dieser jungen Künstlerin wird sich mit Hilfe der großen Lehrer Amerikas in voller Pracht entwickeln und zusammen mit ihrer unvergleichlich schönen szenischen Erscheinung wird sie sie zu internationalen Triumphen führen.*

In ihrem Programm stand zum ersten und letzten Mal in ihrer Karriere eine Arie Zerlinas aus Don Giovanni (aus dem Programmzettel ist nicht ersichtlich welche) sowie Arien aus *Aida, Semiramide, Trovatore, Oberon*, spanische Volkslieder und griechische Volkslieder, arrangiert durch Th. Karyotakis und G. Ponirides.

Elvira de Hidalgo blieb interessanterweise ihre einzige Gesangslehrerin (sie unterrichtete M. Callas auch Italienisch). In Amerika korrepetierte Louise Caselotti lediglich einige Rollen mit M. Callas.

Die Laura in *Der Bettelstudent* von Karl Millöcker war die letzte Rolle, die sie vor ihrer Abreise sang. *Fräulein Kalogeropoulou hat damit ihre beste Rolle gefunden. Die Arie der Laura ... hat sie mit Geschmack, Lust und Intelligenz gebracht, eine Leistung, die sie der guten Schulung durch de Hidalgo verdankt.*[19]

Alle Kritiker bestaunten ihre Virtuosität, und einer[20] von ihnen nannte sie *eine Künstlerin von großem Kaliber, die die Nationaloper um jeden Preis behalten sollte.* Am 14. 9. 1945 las man jedoch in der Presse von ihrer Abreise nach Amerika.

Auf diesem Umweg gelang es ihr, nach zwei Jahren des Kampfes nach Italien zu kommen, wo ihre internationale Karriere begann; durch ihre Heirat mit Giovanni Battista Meneghini (21. 4. 1949) wurde das Land zu ihrer dritten Heimat, und dort verbrachte sie den größten Teil ihrer besten künstlerischen Jahre (1947–1960). Nach der Trennung von ihrem Mann lebte sie in Monte Carlo und schließlich in Paris, wo sie am 16. September 1977 unter mysteriösen Umständen (offiziell an den Folgen eines Herzinfarktes) gestorben ist.

In den folgenden Kapiteln wird in engem Zusammenhang mit ihrem künstlerischen Weg das Leben M. Callas verfolgt. Ihrem frühen Tod wird ein eigenes Kapitel gewidmet.

Maria Callas als Norma und im Belcanto

... Noch eine Neuigkeit: Die 'Norma' wurde in London mit der Grisi als Protagonistin aufgeführt und war ein kolossales 'Fiasko'. Die Zeitungen berichten, daß sie schlechter als bei jeder anderen Oper gesungen und gespielt hätte ... Ich hörte die Grisi die Cavatine schlecht, sehr schlecht, singen, und mir genügt es, um sie für den Rest als unfähig einzuschätzen, denn ich habe sie in der 'Anna Bolena' gesehen, wo sie, abgesehen vom 'tenero'[1], unerträglich ist; besonders im Tragischen. Gib ihr 'La Sonnambula', 'I Puritani', 'La Gazza' und tausend Opern dieser Art, einfach und unschuldig, ... sie macht sie wie keine Zweite; aber weder versteht sie die noblen Charaktere, noch fühlt sie sie; denn sie besitzt nicht jenen Instinkt, noch die Schulung, um sie mit jener 'Nobilità' und dem höheren Stil vorzutragen, den sie verlangen. Ich habe also das Gefühl, ... daß die Partie der Adalgisa die einzig geeignete für ihren Charakter wäre ...

Das waren Vincenzo Bellinis[2] Worte über Giulia Grisi, eine gefeierte Sängerin ihrer Zeit. Sie war die Adalgisa der Weltpremiere (Mailänder Scala am 26.12.1831) neben Giuditta Pasta als Norma. Bellinis Urteil könnte jedoch für die Mehrheit der Sängerinnen aller Zeiten gelten. *I caratteri elevati*, wie sie Bellini bezeichnet, werden selten glaubhaft dargestellt. Norma ist eine Druiden-Priesterin und bleibt es, doch heimlich liebt sie Pollione, und dieser Verbindung entspringen zwei Kinder. Die leidenschaftliche Liebe zu einem Römer, und somit Feind ihres Volkes, enthüllt die andere, die urweibliche Seite ihrer Persönlichkeit. Die große Schwierigkeit, die die Interpretin herausfordert, ist die Symbiose der zwei Elemente und die ihr entspringende Dramatik.

Während es zwischen 1831, dem Jahr der Weltpremiere, und 1870 vierzehn verschiedene *Norma*-Produktionen an der Mailänder Scala gab, waren es zwischen 1870 und 1952 nur mehr vier. Verdi, später auch die Komponisten des Verismo, verdrängten das Werk aus dem Opernrepertoire, und der Mangel an kompetenten Interpretinnen trug zu seiner weiteren Verdrängung bei. Die aufregende Heroin wurde allmählich langweilig, kühl und statisch dargestellt, mit falsch verstandenen klassischen Zügen. Einige Sängerinnen wie Claudia Muzio, Iva Pacetti, Rosa Ponselle oder Gina Cigna versuchten die Rolle mit dramatischer Substanz zu füllen, doch ohne die nötige Belcanto-Schulung zu besitzen.

In den letzten Jahren und nach dem Abgang der Maria Callas von der Bühne hatten Sängerinnen der verschiedensten Stimmgattungen die Norma zu singen versucht. Ester Mazzoleni[3], selbst eine erfolgreiche Norma zu Anfang des Jahrhunderts, sprach in einem Interview darüber: *Heute singen alle die 'Norma', die Koloraturen wie Sutherland, Deutekom und Sills, die Lyrischen wie Maria Luisa Gioni und Renata Scotto; die Jugendlich-Dramatischen wie Caballé, die ich in manchen Rollen sehr bewundere; aber wie können sie dieser furchtbaren Partitur gerecht werden? Es ist eine völlige Travestie dessen, was Bellini schrieb, und das Publikum wird dabei sehr bestraft. Die letzte große Norma war für mich Anita Cerquetti.* (Anita Cerquetti übernahm die von Maria Callas 1958 abgesagten Vorstellungen der *Norma* an der Römischen Oper nach der turbulenten und abgebrochenen Premiere vom 2. Januar.) *Jetzt ... sind auch Mezzos[4] dabei, Norma zu singen.*

Diese Entwicklung mag eine negative sein, zeigt aber die Faszination der Wiederentdeckung dieser Belcanto-Figur, und ohne Zweifel ist dies zum größten Teil der Verdienst von Maria Callas. Sie sang diese Partie öfter als jede andere ihres Repertoires, insgesamt 91 Mal. Sie debütierte damit an vier wichtigen Theatern: *Teatro comunale* in Florenz, *Covent Garden* in London, *Chicago Lyric Theater* und *Metropolitan Opera* in New York. Für die Partie der Norma hatte sie eine Vorliebe: *Norma ist mir ähnlich*, sagte sie einmal bei einem Interview, *sie wirkt sehr stark, manchmal wild, in Wirklichkeit ist sie es nicht, auch wenn sie wie ein Löwe brüllt.*

Bei ihrer ersten Schallplattenaufnahme im November 1949 sang sie *casta diva* aus *Norma* neben *Qui la voce* aus *I Puritani* und *Liebestod* aus *Tristan und Isolde*. Der Moment in ihrer stimmlichen Entwicklung, der durch diese kurze Aufnahme eingefangen wurde, war eine wahre Sternstunde des kunstvollen Gesangs, verbunden mit natürlichem dramatischem Ausdruck. Maria Callas war damals fünfundzwanzig Jahre alt, aber von einer erstaunlichen stimmlichen und darstellerischen Reife. Sie verband Flexibilität und Kraft, Detailgenauigkeit und exquisite Färbungsgabe. Ihre Höhe war stark und mühelos, ihr hohes Es sicher und strahlend – ein Ton, der von den dramatischen und echt lyrischen Sängerinnen des zwanzigsten Jahrhunderts kaum beherrscht wird. Anders zu Bellinis Zeit, als sich Giuditta Pasta, Maria Malibran und später ihre Schwester Pauline Viardot neben einer dramatischen Stimme auch eine enorme Höhe erarbeitet hatten. Auch Lilli Lehmann, zu Ende des Jahrhunderts, konnte sowohl Isolde als auch die Königin der Nacht singen.

Für die speziellen Fähigkeiten und Fertigkeiten einer solchen Interpretin, wie auch Giuditta Pasta sie besaß, schrieb V. Bellini *Norma*, während er später auch Maria Malibran als seine Wunschinterpretin nannte.[5]

Nach der Weltpremiere, die man kühl aufnahm, und der zweiten Vorstellung, die Enthusiasmus auslöste, bemerkte V. Bellini[6], daß seine Oper nicht nur von ausgezeichneten, sondern auch von völlig ausgeruhten Sängern gesungen werden sollte: *Beim Terzett waren sie so müde, daß sie weder intonieren konnten noch einen Ton artikulieren, und deswegen endete der erste Akt kühl, (...) Denn nachdem es ein Kraftstück ist, ist es notwendig, daß die Sänger gut ausgeruht sind.*

Wäre diese Tatsache dem Publikum bewußt gewesen, hätte es sich Maria Callas gegenüber weniger erbarmungslos verhalten, als sie 1958 in Rom wegen einer Indisposition eine *Norma*-Premiere nach dem ersten Akt absagte. Die Premiere vom 2. Januar 1958 war eine Gala-Vorstellung und Italiens Präsident Giovanni Gronchi war im Publikum. Die italienische und internationale Presse mit ihren Berichten schufen das Bild einer verantwortungslosen *Primadonna assoluta*, die es wagte, den Präsidenten der Republik zu ignorieren. 1971 gewann sie den Prozeß gegen das Römische Opernhaus, das sie trotz Verkühlung zum Singen überredet hatte, sich weigerte, einen Ersatz zu stellen und sie auch nicht vor dem aufgebrachten Publikum und vor der Presse verteidigte.

Dieses Ereignis, das die Dimensionen eines Skandals annehmen sollte, beeinflußte ihre Laufbahn negativ.

Zwischen 1958 und 1960 sang M. Callas, mit Ausnahme von zwei Opern an der Mailänder Scala, deren Verträge vor 1958 unterschrieben worden waren, in keinem italienischen Opernhaus.

1963 schrieb sie an Giacomo Lauri-Volpi[7], der sie zu überreden versucht hatte, an den Feierlichkeiten für den achtzigsten Geburtstag *ihres* Dirigenten Tullio Serafin in Rom teilzunehmen: *Ich habe, lieber Freund, nicht die physische Kraft der Arena und den Löwen zu begegnen. Alle garantieren, alle versichern mir alles, Sie, der Maestro, die Kritiker, aber ich werde nie diesen Abend in der Oper von Rom vergessen und wie ich gelitten hatte. Wenn ich zwanzig oder dreißig Jahre alt gewesen wäre (...), als es passierte, wäre es mir vielleicht nicht wichtig gewesen, und der jugendliche Übermut des Geistes - wie Sie sagen - hätte mir geholfen zu vergessen und fortzufahren. Aber ich fühle, daß ich es nicht mehr riskieren kann, vor allem eventuelle neue, grausame Verwundungen der Seele.*

1948, zehn Jahre vor jener unglücklichen Vorstellung von Rom, empfahl Tullio Serafin seine junge *protegée* an das *teatro comunale* von Florenz. Das Angebot des künstlerischen Direktors Francesco Siciliani an M. Callas, in Florenz mit *Norma* zu debütieren, war ein entscheidender Schritt zu ihrer beginnenden Weltkarriere: bis zu diesem Zeitpunkt hatte sie nur dramatische Rollen gesungen: Gioconda, mit der sie im August 1947 in der Arena von Verona ihr Italien-Debut gab, Isolde, Turandot, Leonora (in Forza del Destino) und Aida.

Norma, ihre erste Belcanto-Rolle, studierte sie mit Tullio Serafin ein, und über dieses Studium, das ihre Kunst und Karriere so geprägt hatte, sprach sie oft in ihrer Korrespondenz[8]: Am 24.6.1949 berichtet sie ihrem Mann G. B. Meneghini aus Buenos Aires: *Rakowska* (Tullio Serafins Frau, eine aus Polen stammende bekannte Sängerin, die an den ersten Opernhäusern der Welt, einschließlich der Metropolitan Opera und Scala gesungen hatte) *kam während der Kostümprobe nach der 'casta diva' zu mir ins Zimmer. Sie weinte vor Glück und Befriedigung. Während der Premiere ging ich zu Serafin in seine Garderobe, und auch er weinte vor Rührung. Stell' Dir nur vor, wie mich diese zwei Leute lieben! Serafin hat mich geschaffen. Du weißt, wie er mit mir studiert, nicht wahr? Du hast es gehört bei ihm zu Hause in Rom bei Parsifal! Er gibt mir seine Seele, weil ich musikalisch mit ihm perfekt übereinstimme.*

1968, nach Tullio Serafins Tod, beschrieb sie ihn[9] als einen außergewöhnlichen Begleiter, scharfsinnig wie ein schlauer Fuchs. *Er eröffnete mir eine neue Welt, zeigte mir, daß es für alles einen Grund gibt, daß sogar Verzierungen und Triller für den Komponisten einen Grund haben, daß sie der Ausdruck des 'Stato d'animo', des Charakters sind, d.h. jeden Moment, bei jedem Atemzug, bei jedem Wort.*

Eines der Dinge, die er mir erklärte, und das gehört zur Basis des Belcanto, ist, daß man nie einen Ton von unten oder von oben nehmen, sondern ihn im Gesicht vorbereiten soll. Er lehrte mich, daß Pausen oft wichtiger sind als die Musik. Er erklärte, daß es einen Rhythmus gibt und ein Maß für das menschliche Ohr - das sind Dinge, die man nur von diesem Mann erfahren kann - und daß ein Ton, der zu lang ist, nach einer Weile nicht mehr gut ist. Eine Fermate muß immer periodisiert sein, und wenn es in der Partitur zwei Fermaten nacheinander gibt, sollte man eine davon ignorieren.

Er lehrte mich, wie die Proportionen des Rezitativs sein sollen: elastisch, sodaß nur du es merkst, wenn die Proportionen sich leicht verändern. Bei Aufführungen ließ er dich aber frei. 'Wenn ich am Pult stehe, bin ich da, um euch zu dienen', sagte er, 'weil ich meine Vorstellung retten muß.' Wir schauten hinunter und fühlten, daß wir einen Freund dort hatten. ... Er formte alle Worte mit den Lippen. Wenn du nicht gut beisammen warst, beschleunigte er das Tempo. Wenn du in Spitzenform warst, verlangsamte er es, um dich atmen zu lassen, dir Raum zu schaffen. Er atmete mit, lebte die Musik mit dir durch, liebte sie mit dir. Alles war elastisch, wuchs und lebte.

Während der Vorbereitungszeit der Florentiner *Norma* schreibt[10] sie: *Ich habe Serafin nie so glücklich gesehen, doch ich bin es nicht, weil ich immer zu viel von mir verlange. Ich glaube, daß es viel besser wäre, wenn ich mehr Zeit hätte, denn 'Norma' kann man nie genug studieren.*

Lilli Lehmann sagte[11] einmal, sie würde lieber alle drei Walküren an einem Abend singen als eine Norma, und Maria Callas drückt es nicht viel anders aus, wenn sie über Wagners Musiktheater sagt: *Nehmen sie Brünnhilde: sie ist von Anfang an eine Heroin. Sie ändert sich nicht. Es gibt wirklich kein Entweichen aus der Linie des Charakters, ihre Musik enthält keine technischen Probleme, es gibt keine Verzierungen, sie ist ein solider Felsen, stimmlich nie bloßgestellt. Das Orchester ist immer so kraftvoll, daß sich der Sänger sicher fühlt. Isolde finde ich auch leicht. Auch sie ist durch ein kolossales Orchester bestärkt, die Töne sind nicht so extrem schwierig, die hohen Töne sind gar nicht so zahlreich, nicht annähernd so viele wie in Norma, die viel mehr zu singen hat. Es gibt wieder wenig technische Herausforderungen, keine Verzierungen.*

Das vielleicht interessanteste und sicherlich authentischste[12] Dokument, das die Welt über Maria Callas persönliche und künstlerische Welt besitzt, ist ein Brief, geschrieben am 18. November 1948 in Florenz, kurz vor der *Norma*-Premiere. Der Brief zeigt auch private Aspekte ihres damaligen Lebens, die sie als Frau anders erscheinen lassen, als die Legenden sie schufen.

Die Weltpresse und Literatur veröffentlichten im Laufe der Jahre viele Spekulationen über das Privatleben von M. Callas bzw. G.B. Meneghini. Vier Jahre nach ihrem Tod erschien ein von G.B. Meneghini geschriebenes Buch mit dem Titel *Maria Callas, mia moglie*, das viele ihrer Briefe aus der Zeit ihres Zusammenlebens enthält. Wie Meneghini am Anfang des Buches erklärt, änderte er im Alter von 83 Jahren seinen Entschluß, nichts über sich und seine Ehefrau zu veröffentlichen, als das Buch von Arianna Stassinopoulos *Maria, Beyond the Callas Legend* 1980 erschien, das Ungenauigkeiten, großzügige Spekulationen und viel Negatives über die Beziehung der M. Callas zu ihrem Ehemann enthält.

Meneghini veröffentlichte also die Briefe quasi zu seiner Verteidigung, doch noch mehr erwiesen sie sich als Verteidigung M. Callas vor Biographen, die glaubten, ihr einen Dienst zu erweisen, wenn sie sie als eine Frau darstellten, die während ihrer ganzen Jugend und der künstlerisch produktivsten Zeit ihrer Laufbahn, ein leeres Privatleben in Lüge und Falschheit verbrachte.

Aus Florenz schreibt M. Callas 1948: *Lieber, ich war beim Studium der Norma, nachdem ich von der ersten Probe mit der Mezzosopranistin zurückgekehrt war, als ich so melancholisch wurde, wie Du Dir gar nicht vorstellen kannst. So sehr, daß ich Dir schreiben möchte, um Dich näher zu fühlen und meinem Herzen Luft zu machen. Du verstehst, Lieber, ich bin so eine Pessimistin, daß mich alles betrübt, mich quält, und alles, was ich mache, glaube ich schlecht gemacht zu haben. So fange ich an nervös zu werden, mich zu entmuti-*

gen und von Zeit zu Zeit erreiche ich den Punkt, an dem ich wünsche, daß der Tod mich von den Qualen, die mich immer plagen, erlösen möge ..

Du verstehst, ich möchte in allem, was ich mache, viel mehr geben: sowohl in der Kunst als auch in meiner Liebe zu Dir. Beim Singen möchte ich, daß meine Stimme mir immer gehorcht und daß sie das macht, was ich von ihr will. Es scheint aber, daß ich zuviel von ihr verlange. Das Stimmorgan ist unbarmherzig und gönnt Dir nicht alles. Man könnte sagen, daß es rebellisch ist und nicht dominiert, oder genauer, kommandiert werden will. Es droht mir immer zu entgleiten, und ich leide darunter. Wenn ich in der Art weitermache, wirst Du eine Neurasthenikerin in Deinen Händen haben. Es ist das gleiche mit meiner Liebe zu Dir. Ich leide, weil ich Dir nicht mehr geben kann. Ich möchte Dir stets mehr geben können, aber ich weiß, daß ich nicht mehr geben kann, weil ich nur ein Mensch bin. Mich quält das Fernsein, weil ich nicht Dein Leben mit Dir teilen kann; Deine Gedanken, Deine Sorgen, Deine Freuden, Deine Ängste. Dir ein Lächeln schenken, wenn Du müde bist, mit Dir lachen, wenn Du fröhlich bist, raten, was Du denkst (das mir, aber auch Dir so leicht fällt) und viele, viele andere Dinge.

Noch dazu bin ich allein. Freundschaften habe ich nicht und will ich auch nicht. Du weißt, was für eine Misanthropin ich bin, und mit Recht. Ich lebe nur für Dich und für meine Mutter, ich bin zwischen Euch beiden geteilt.

Der Meinung Anderer nach gelingt mir in der Kunst alles. Meiner Meinung nach nicht einmal ein kleiner Teil von dem, was ich will. Das Publikum applaudiert mir, aber tief in mir weiß ich, daß ich so viel mehr hätte machen können. Serafin sagt, daß er mit meiner Norma hochzufrieden ist, ich aber bin es leider überhaupt nicht. Ich bin überzeugt, ich kann es hundert Mal besser machen, aber die Stimme befriedigt mich nicht. Sie liefert nicht, was ich will.

Meiner, warum muß ich so sein? Ich glaube, die einzige mit einer so unzufriedenen Natur zu sein. Wirklich nichts Besseres wünsche ich mir nur dann, wenn ich dort bin, wo ich hingehöre: Du weißt es nun schon; bei Dir fühle ich mich wohl. Ich weiß, die Vernunft sagt, daß wir getrennt sein müssen. Ich bin aber nicht der Typ, der die Dinge so nimmt, wie sie kommen. Ich will das Beste von allem: Ich will, daß mein Mann der beste ist, ich will, daß meine Kunst die erste und die beste ist. Ich will also alles haben. Sogar von dem, was ich anhabe, will ich, daß es das Netteste ist, das es gibt. Ich weiß, daß es nicht möglich ist, und es quält mich so. Warum? Hilf mir, Battista, und glaube nicht, daß ich übertreibe. Ich bin so.

Lieber, ich kann Dir nur sagen, daß, so wie ich alles so vollkommen will, so will ich auch Dein sein, und ich bin es ganz. Habe mich lieb und mach' mir keinen Kummer. Du würdest mich nie verdrießen, wüßtest Du, wie es mich verletzt.

Ich bin zu sensibel und genau in allem, und ich will, daß Du es auch bist, wenn möglich sogar mehr als ich.

Mein Liebling, nun verlasse ich Dich. Ich bitte Dich, nicht über mich zu lachen, sondern versuche, mich zu verstehen und mir zu helfen. Wenn Du mich nur ein Drittel so liebst wie ich Dich, so bin ich zufrieden. Ich bin mehr bei Dir als hier; in diesem Augenblick besonders. Deine Maria.

Angesichts des späteren Streits zwischen Maria Callas und ihrer Mutter, der zu einer totalen Entfremdung der beiden führte, ist die Bemerkung, *ich lebe nur für Dich und für meine Mutter*, aufschlußreich. Nach dem Gastspiel in Mexico von 1950, als Evangelia Callas ihre Tochter begleitet hatte, sahen sich Mutter und Tochter nie wieder. Jackie Callas, die Schwester, bestätigt, daß das Verhältnis M. Callas zur Mutter während der Studienjahre und der ersten Auftritte in Athen sehr eng war, wenn auch nicht immer von gutem Einfluß auf den Charakter der jungen angehenden Sängerin. Die Mutter war bei allen Aufführungen dabei und fungierte als Vertraute und devote Helferin, eine Funktion, die später von G.B. Meneghini, dem Ehemann, übernommen wird. Nach der Trennung von ihrem Mann suchte M. Callas diese für sie anscheinend so lebenswichtige Präsenz einer wohlwollenden, unterstützenden Persönlichkeit bei Kollegen wie Tito Gobbi oder Giuseppe Di Stefano.

Die zwei Aufführungen jener Florentiner *Norma*, am 30. November und 5. Dezember 1948, die Maria Callas mit so viel Hingabe vorbereitet hatte, wurden vom Publikum und der Presse enthusiastisch aufgenommen. Der Kritiker Gualtiero Frangini schrieb in *La Nazionale*[13]: *Maria Callas war neu für uns, aber nach ihrem Auftritt im ersten Akt war uns sofort bewußt, daß wir einen Sopran von wahrhaft bedeutenden Fähigkeiten vor uns haben. Sie hat eine kräftige Stimme, die stabil und von attraktivem Timbre ist, bei lauten Passagen tragend und süß in delikaten Augenblicken. Ihre Stimme hat eine ungewöhnliche Farbe, und ihre Schulung, obwohl eher anders als die, die wir gewöhnt sind, hat ihre unleugbaren Tugenden.*

Anschließend sang sie die Oper in Buenos Aires, Venedig und dann in Rom, mit *Tristan und Isolde* alternierend; es folgte Mexico City, Palermo, Sao Paolo, Rio de Janeiro und Catania (Bellinis Heimat, die auch ihr Theater *Teatro massimo Bellini* nach ihm genannt hat).

An der Mailänder Scala sang sie die Norma erst 1952, und zwar in einer alten Inszenierung aus dem Jahre 1931. Der damalige Intendant, Antonio Ghiringhelli, war kein künstlerischer Mentor im Falle der Maria Callas. Lange Zeit weigerte er sich, die Künstlerin anzuerkennen, und nur als ihr internationaler Erfolg sein weiteres Ablehnen absurd erscheinen ließ, öffnete er ihr die Türen seines Theaters.

Aus der Zeit der vehementen Ablehnung M. Callas durch Ghiringhelli stammt eine bildhafte Geschichte mit Tullio Serafin: der intelligente kleine Maestro erzählte A. Ghiringhelli von den Erfolgen, die Callas als Norma in Südamerika feierte, und der Generalintendant suchte ihn zu überzeugen, daß die Scala jederzeit (ohne Callas) eine sensationelle Norma präsentieren könnte. Nach einer Weile sagte Serafin: *Ich bin von Rottanova die Cavarcere, aus der Umgebung von Venedig. Wir haben ein berühmtes Reisgericht in unserer Gegend, 'risotto alla pilota'. Weißt du, was man braucht, um 'risotto alla pilota' zu machen? - Was braucht man?*, fragte Ghiringhelli, der nicht verstehen konnte, was dieses Gericht mit Norma zu tun hatte. *Den Reis*, sagte Serafin trocken. Dann, sich in die Richtung der anwesenden M. Callas neigend: *Nur diese Sängerin ist heute würdig, Norma zu machen.*

In der Spielzeit 1952-53 debütierte M. Callas in London im Royal House Covent Garden. Alle fünf Vorstellungen waren ausverkauft, und das Publikum kämpfte wild um die Eintrittskarten. Harold Rosenthal berichtet[14]: *Das Ereignis, das während der ersten Hälfte der Spielzeit alles überschattet hatte, war die Revitalisierung der 'Norma' am 8. November, die erste seit 1930, mit Maria Callas. ... Das Ereignis war unvergeßlich; ... Der Applaus, der die griechisch-amerikanische Primadonna begrüßte, war von der Sorte, die gewöhnlich für Margot Fonteyn an Ballett-Abenden reserviert ist. Callas bekam mehr als ein Dutzend Vorhänge am Ende der Vorstellung. ...*

Gleichzeitig begann die Kontroverse über ihre Stimme und Kunst, die bis zum heutigen Tag emotionsgeladen weiterlebt.

Alles in allem, wenn auch noch nicht eine fehlerlose Vokalistin, ist sie die interessanteste neue Sängerin, die in London seit vielen Jahren gehört worden ist. ..., schrieb Shaw-Taylor nach ihrem Londoner Debüt.

In London[15] sang Maria Callas die *Norma* ein zweites Mal im Februar 1957, ein Jahr nach ihrem turbulenten Debüt mit dieser Oper an der Metropolitan Opera. *Callas, ein paar Pfund leichter, ihre Stimme in keiner Weise beeinträchtigt, ... und sicher schöner als vorher, erzielte einen der größten Triumphe ihrer Laufbahn. Der Jubel und der Applaus nahmen größere Dimensionen als bei ihrem Debüt, 1952, an; die Reihe an Vorhängen ... waren eine Vorstellung für sich. Am 16. Februar war der Applaus nach dem ersten Norma-Adalgisa Duett (mit Ebe Stignani als Adalgisa) so groß, daß Pritchard, unfähig fortzusetzen, am Ende ein 'Encore' der Cabaletta gewährte. Das war das erste 'Encore' am Covent Garden seit der Gründung des Nachkriegsensembles und das erste in der Callas' Karriere. ...*

Norma war auch die Oper, mit der sich M. Callas 1960, nach zwölfjähriger internationaler Karriere, im antiken Theater von Epidauros dem Publikum ihrer Heimat Griechenland präsentierte. (Ihr erstes Wiedersehen mit dem griechischen Publikum war am 5.9.1957, allerdings nicht bei einer Opernaufführung, sondern bei einem Arienabend unter Antonino Votto im antiken Odeon des Herodes Attikus in Athen.)

Zwanzig Jahre vor ihrem Auftritt als Norma in Epidauros, zwischen 1940 und 1945, hatte M. Callas in Athen ihre ersten Rollen gesungen und ihre ersten Erfolge gefeiert, doch war ihr Entschluß, am Ende des Jahres 1945 nach New York, in ihre Geburtsstadt, zurückzukehren, retrospektiv gesehen, ein glücklicher; Athen wäre kaum noch ein Sprungbrett für eine Weltkarriere geworden.

In New York mußte sie die bittere Erfahrung machen, daß die Theater an unbekannten Sängern wenig Interesse hatten und daß ihre kleine Karriere in der Athener Oper fast keinen Wert hatte. Sie sang für Edward Johnson, dem damaligen Intendanten der Metropolitan Opera vor, doch mit einem negativen Ergebnis.

M. Callas behauptete später, Edward Johnson hätte ihr einen Vertrag für *Fidelio* und *Butterfly* angeboten, den sie aber ablehnte. Diese Version und auch die Jahre später erfolgte Erklärung E. Johnsons, daß ihre Ablehnung berechtigt gewesen war, ... *denn es war ein absoluter Anfängervertrag*, wird von ihrem Biographen und Cousin, Steven Linakis als falsch erklärt. Linakis behauptet, was auch glaubwürdiger erscheint, in Anbetracht der damals verzweifelten Lage der jungen Sängerin, daß die *Met* ihr kein Angebot machte, das sie hätte ablehnen können. Im Gegenteil: E. Johnson lehnte ihr Angebot, *Tosca* umsonst an der *Met* zu singen, mit der Begründung ab, sie sei noch nicht fertig für die *Met*.

Das Verhältnis zwischen Maria Callas und der Metropolitan Opera blieb auch später sehr problematisch. Der Nachfolger E. Johnsons, Rudolf Bing, mußte, um sich der Dienste der Sängerin zu versichern, sehr lang verhandeln und ihr ein höheres Honorar zahlen, als er anderen Spitzensängern zu zahlen pflegte.

Ihr Debüt an der *Met* fand erst am 29. Oktober 1956 statt, fast zehn Jahre nach dem Beginn ihrer internationalen Karriere und fünf Jahre nach ihrem Debüt an der Mailänder Scala. Während ihrer ganzen Karriere sang sie nicht mehr als zwanzig Abende an der Metropolitan.

Der Jurist Edward Richard Bagarozy, der die Ambition hatte, eine Opern-Kompanie zu gründen, scheint Maria Callas' Talent erkannt zu haben und vertraute ihr die Titelrolle in G. Puccinis *Turandot* an, die er unter Mitwirkung von namhaften europäischen Sängern in Chicago aufführen wollte.

Edward Bagarozy und Impresario Scotto hatten für die *United States Opera Company* Sänger wie Mafalda Favero, Danilo Checci, Cloe Elmo,

Galliano Masini, Nicola Rossi-Lemeni, Max Lorenz und die Schwestern Hilde und Anny Konetzni geholt.

Obwohl die Sänger schon in Amerika waren und die Presse über eine *geheimnisvolle griechische Sopranistin* mit dem Namen *Marie Calas* berichtete, fanden die Aufführungen nie statt. E. Bagarozy mußte alles absagen und eine Bankrotterklärung abgeben. Um die Rückreise zu finanzieren, mußten die Sänger nach der Bankrotterklärung ein Benefizkonzert geben.

Ein Mitglied der verunglückten Kompanie, der Baß Nicola Rossi-Lemeni, empfahl Maria Callas an den Tenor Giovanni Zanetello, der im Auftrag der Arena von Verona eine Sängerin für die Titelrolle von *La Gioconda* für die Sommerspielzeit 1947 suchte. Maria Callas sang ihm vor und wurde von ihm mit Begeisterung engagiert, doch unter miserablen finanziellen Bedingungen.

Zusätzlich mußte die junge Sängerin vor ihrer Abreise einen Vertrag unterschreiben, wonach E. Bagarozy für die Dauer von zehn Jahren ihr ausschließlicher Agent wurde, dem sie zehn Prozent ihrer Einnahmen zahlen sollte. Einen ähnlichen Vertrag unterschrieb auch Nicola Rossi-Lemeni, der ebenfalls für die *Gioconda* in Verona als Alvise verpflichtet worden war. Als Gegenleistung versprach der Agent, die Karriere der beiden zu führen und zu fördern.

Um die Ausgaben der Reise und die erste Zeit in Italien zu bewältigen, mußte M. Callas von ihrem Taufpaten, dem Orthopäden Dr. Leonidas Lanzounis, Geld leihen. Er hatte der Familie auch früher in New York beigestanden, und mit ihm blieb M. Callas ihr Leben lang in innigem Kontakt, was ihre Briefe aus den letzten Jahren ihres Lebens bezeugen.

Am 29. Juni 1947 kamen Maria Callas, Nicola Rossi-Lemeni und Louise Caselotti, die Frau des Agenten E. Bagarozy, an Bord des Frachtschiffs *Rossia* in Italien an.

Schon am nächsten Abend, in Verona, im Laufe eines Abendessens mit dem Dirigenten Tullio Serafin, anderen Sängern und Freunden der Arena machte Maria Callas die Bekanntschaft des Veroneser Industriellen und Melomanen Giovanni Battista Meneghini. Diese Begegnung sollte ihr privates und künstlerisches Leben bestimmen. G.B. Meneghini, damals zweiundfünfzig Jahre alt, war ein sehr geschickter Geschäftsmann, der die kleine Ziegelei seiner Familie in ein großes Unternehmen mit zwölf Fabriken verwandelt hatte. Er zeigte ein promptes Interesse für die junge Frau und die Sängerin M. Callas. Vier Tage nach ihrer Begegnung bot er ihr an, für die Dauer von sechs Monaten alle Spesen für ihren Aufenthalt, ihre Verpflegung, die Garderobe und das Studium zu übernehmen; sollte ihre Karriere in dieser

Zeit für beide befriedigende Fortschritte machen, versprach G.B. Meneghini, ein Arbeitsabkommen mit ihr abzuschließen. Es war nicht das erste Mal, daß er auf diesem Weg versucht hatte, einer unbekannten Sängerin zur Karriere zu verhelfen, doch bis dahin ohne Erfolg.

Maria Callas nahm diesen Vorschlag an, ihre Beziehung sprengte jedoch bald die Grenzen einer Geschäftsbindung, G.B. Meneghini wurde zum Freund, Vertrauten und 1949 zu ihrem Ehemann. In der Folge zog er sich aus seinem Unternehmen zurück, um sich völlig der Karriere seiner Frau zu widmen.

Seine seelische und praktische Unterstützung in dieser kritischen Phase im Werdegang der Sängerin wird heute, nach der Veröffentlichung dutzender Briefe M. Callas aus jener Zeit, nicht mehr bezweifelt.

In vielen Biographien wird das Fehlen jeder Unterstützung in M. Callas frühem Leben betont, und sie wird als eine unglückliche, sich selbst überlassene Sängerin dargestellt. Im Gegenteil. Es gibt in der Tat wenig Sängerinnen, die so viel sinnvolle Hilfe im richtigen Augenblick bekamen wie sie: mit Hilfe E. de Hidalgos, die eine kompetente und liebevolle Lehrerin war, unterschrieb sie 1940, mit siebzehn Jahren, einen Vertrag mit der Athener Oper, wo sie bis 1945, neben ihrem Studium, in bedeutenden Rollen auftrat. Kurz nach ihrer Rückkehr nach Amerika sah sie E. Bagarozy als Turandot für seine geplatzte Produktion vor, und Nicola Rossi-Lemeni verhalf ihr zum Vorsingen für die *Gioconda* von Verona. Nun, einige Tage nach ihrer Ankunft in Verona, bietet ihr G.B. Meneghini seine Unterstützung, und nicht zuletzt wird Tullio Serafin zu ihrem musikalischen Mentor.

Meneghini benahm sich wie ein Galant alten Stils und seine Gesten der Zuneigung und seine Briefe ermutigten die junge, dreiundzwanzigjährige Debütantin. Am Vorabend der Premiere von *La Gioconda* schickte er ihr zwei Briefe[16]: *Maria, meine Liebe, ich schicke Dir meine Blumen, die Gardenien, die ich so gern habe, und die, so wie Du sie zu tragen weißt, Deinem Gesicht die allersüßeste Note verleihen (...) Heute sagen sie Dir mehr als sonst; heute, wo Du Dich in der Pracht Deiner Jugend und im Glanz Deiner Kunst dem Publikum von Verona präsentierst ...*

Am selben Tag schrieb er: *Maria, meine Geliebte, ich schicke Dir die kleine Madonnina, die ich Dir schon seit Anfang unserer faszinierenden Verbindung versprochen hatte (...) sie gehört nun Dir und markiert ein für uns unauslöschliches Datum (...) Sie wird Dich immer, immer, immer segnen und beschützen.* (Diese *Madonnina* begleitete M. Callas überall hin, bis zu ihrer Trennung von G.B. Meneghini).

Gioconda war ein schöner Erfolg, wie man auch der Kritik entnehmen kann[17]: *Die zwei amerikanischen Sänger, die die Partien der Protagonisten san-*

gen, *die Sopranistin Maria Callas und der Tenor Richard Tucker, offenbarten exzeptionelle stimmliche Mittel und erhielten sehr viel Applaus ...*

Auch 1952 sang M. Callas die Gioconda in der Arena, vor der Schallplatten-Aufnahme der Oper bei *Cetra*, und fünf Aufführungen an der Mailänder Scala. 1959 entstand eine Gesamtaufnahme der Oper bei *EMI*, die Maria Callas selbst für eine ihrer gelungensten Interpretationen hielt.

Während der Probenzeit für ihr Debut als Gioconda in Verona studierte M. Callas die Rolle mit Ferrucio Cusinati, der Chordirektor der Arena war und das Vertrauen G.B. Meneghinis genoß. Sie fuhr fort, mit F. Cusinati Rollen einzustudieren, als sie nach der Saison in der Arena keine weiteren Angebote für Engagements erhielt.

G.B. Meneghini schrieb in seinen Memoiren, daß während dieser ersten Zeit nach dem Debüt sogar Tullio Serafin, der Gioconda dirigiert hatte und daher Gelegenheit hatte, Maria Callas gut kennenzulernen, nicht an eine große Karriere der Sängerin glaubte.[18] Serafin hätte ihm durch einen Brief empfohlen, M. Callas mit der Gesangslehrerin Emma Malaioli in Mailand studieren zu lassen. In seinem Drang zu behaupten, daß er als einziger M. Callas' Fähigkeiten erkannt hatte, verschwieg G.B. Meneghini den vollständigen Inhalt jenes Briefes, der an sich als Empfehlungsbrief an die Lehrerin Emma Malaioli adressiert war. Nun veröffentlichte ihn Renzo Allegri.[19]

Liebe Frau Emma!
Die Überbringerin dieses Briefes ist Fräulein Kallas (sic), *eine junge Künstlerin, die die Rolle der Gioconda in der Arena interpretierte, womit sie großen Erfolg hatte. Wie sie sich überzeugen werden können, hat Fräulein Kallas eine wirklich besondere Stimme, die alle Möglichkeiten besitzt, die schwierigsten Anforderungen zu bewältigen. Ihr Forte ist mächtig, ihr Pianissimo leicht und süß, ihre Geläufigkeit natürlich! Eine einzige Sache fehlt ihr: sie muß italienisch gemacht werden im ganzen Register, im ganzen ...* (Wort unlesbar). *Allein das fehlt ihr noch aufgrund einiger Vokale, die nicht ganz italienisch klingen. Infolgedessen eine gewisse Ausstrahlung, die nicht ganz unsere ist.*
Ich denke, daß es nur eine Person gibt, die ihr helfen kann, diese Ausgeglichenheit zu erhalten: Sie, Frau Malaioli. Hören Sie sie an, und sagen Sie dem Fräulein Kallas und meinem Freund, dem Cavaliere Meneghini, der sie begleitet, ihre Meinung. Ich bin sicher, wenn sie diese kleine Korrektur, sagen wir 'national' erhält, werden wir die Künstlerin haben, die wir seit langem suchen. Mit Elena, Vittoria und Donatella umarme ich sie herzlich, Ihr Tullio Serafin.

Wie genau also T. Serafin alles erkannt hatte und wie hoch er den Wert seines *Funds* eingestuft hatte, wird durch die letzte Phrase seines Briefes endgültig klar. Er wird sich auch an M. Callas erinnern, wenn er nach zwei Monaten in Zusammenarbeit mit dem Intendanten des *Teatro la Fenice* in Venedig, Nino Cattozzo, eine Sängerin für die Rolle der Isolde suchen wird.

In der Zwischenzeit lebt M. Callas in Verona weiter, doch aus einem Brief[20] vom 22. September 1947 erfahren wir, daß sie in einem bestimmten Moment sogar ans Zurückfahren nach Amerika gedacht hatte: *Gestern war ich entschlossen wegzufahren, weil es mir erschienen war, daß ich Dich vorgestern Abend gelangweilt hatte. Ja, ich war entschlossen, aber ich fand so viele Ausreden, um mich nicht ganz vorzubereiten. (...) Und so viel Hoffnung, daß Du mich nicht hättest wegfahren sehen wollen, daß ich den halben Koffer packte und dann aufhörte (...) Gestern war es eine Probe für Deine Liebe zu mir. Ich brauchte zu hören und zu sehen, daß ich Dir nicht zur Last falle, daß ich Dich nicht langweile. Ich hatte gestern so gelitten, und ich bin glücklich, daß Du bei mir 'so' geblieben bist. Ich hätte mich so schlecht gefühlt, wärest Du gestern Abend fortgegangen. (...)*

Du bist intelligent und fein. Du verstehst mich. Und ich verspreche Dir, diesen meinen Fehler zu korrigieren. (Aus dem Brief geht nicht hervor, was für ein Fehler gemeint ist.) *Ich bitte Dich nur um etwas Geduld.*

Also, wenn ich heute an alles denke, hängt das 'Heute' von Deinem Willen ab. Wenn Du von mir müde bist, Du sagst es mir, und ich fahre sofort weg. Du fragst mich um meinen Entschluß. (...) Gestern 'konnte' ich nicht, und heute 'will' ich nicht wegfahren.

Mein Battista, Du hast alles von mir, von meinem allerinnigsten Gefühl bis zu meinen kleinsten Gedanken. Ich lebe für Dich, Dein Wille ist mein. (...) aber nimm diese Liebe nicht, um sie in einen Kasten einzusperren. (...)

In den folgenden Zeilen dieses Briefes, der nach R. Allegri der erste ist, den M. Callas an ihren späteren Mann und in italienischer Sprache schrieb, äußert sie den Wunsch, mit ihm zusammenzuleben, und wenn man ihre orientalische Mentalität berücksichtigt, bedeutet es für sie, ihn heiraten zu wollen.

Ihre Gedanken über die Beziehung von Mann und Frau sind auch in diesem Brief formuliert: *Ich brauche Dein Haus. Jedes Haus muß gepflegt werden. Vergiß nicht, daß eine Frau denkt und lebt für ihren Mann; sie hängt von ihm ab. (...) Ich bin Deine Herzensfreundin, Deine Vertraute, Dein Halt, wenn Du müde bist (...) Ich werde versuchen, das zu sein, was Du verdienst.*

Interessanterweise beschreibt M. Callas in einem Brief[21] an ihren Manager und Freund E. Bagarozy nur drei Wochen davor, am 2. September 1947, ihre künstlerische und private Situation etwas anders: *Seit dem letzten Mal, als ich Dir geschrieben hatte, änderte ich meine Meinung. Ich habe mir's überlegt und wieder überlegt und bin am Ende zu dem Entschluß gekommen, nicht zu heiraten. Im jetzigen Augenblick wäre ich dumm, es zu tun, obwohl ich ihn liebe. Er ist jedoch nach wie vor bei mir. Ich habe einen reichen, mächtigen Mann an meiner Seite, und ich kann wählen zu singen, wann und wo ich will. Man hat mir angeboten in Barcelona, Spanien, 'Norma' und 'Forza' für November: ich glaube, ich sollte annehmen, nicht? (...)*

Es kann sein, daß M. Callas in diesem Brief die Situation etwas verschönert hatte, denn aus anderen Quellen geht hervor, daß in diesen Monaten trotz des Einsatzes G.B. Meneghinis keine Theaterengagements in Sicht waren.

Die große Chance bot das *teatro la Fenice* in Venedig mit *Tristan und Isolde*. Direktor Nino Gattozzo bot ihr im Einverständnis mit T. Serafin die Isolde an, in der Annahme, daß sie die Partie schon studiert hatte. Obwohl dies nicht der Fall war, brachte sie es fertig und wurde in kurzer Zeit eine viel gelobte Isolde.[22]

Die Zeitung *Il Gazzettino* schrieb: *... Maria Callas, eine Künstlerin mit einer nicht gewöhnlichen musikalischen Sensibilität, einer angenehmen und sicheren szenischen Präsenz, durchlebte die Liebesleidenschaft ihrer Partie in einer ganz femininen Art und Weise. Ihre schöne warme Stimme gab besonders in der hohen Lage lebhafte Akzente und die passende lyrische Färbung.*

Als Isolde gastierte M. Callas 1948 auch in Genova, immer mit T. Serafin als Dirigenten. Sowohl *Tristan und Isolde* als auch alle anderen Wagner-Opern ihres Repertoires sang sie in der italienischen Übersetzung. In Venedig war sie 1949 als Brünnhilde in *Die Walküre* zu sehen, und damit gastierte sie auch in Palermo, wo sie schlimme Erfahrungen mit dem sizilianischen Opernbetrieb machte. In einem Brief beschreibt sie[23] die Situation im Theater bei der Generalprobe: *Nichts war fertig - dreißig Arbeiter waren auf der Bühne (...) sie taten nichts anderes, als herumzustehen und zu schauen. (...) Die Orchestermusiker machten mit dem Mund ordinäre Laute. Der Dirigent sprach viel und coordinierte nichts. Der Baß Neri konnte seinen Part nicht (...) Ich bin eine saubere, perfekte Arbeit gewöhnt; kannst Du Dir vorstellen, wie ich mich hier mitten in diesen 'Pasticci' fühle?*

Nach der Vorstellung schrieb die Kritik, daß sie zwar schön gesungen hätte, aber daß sie nicht eine *barbarische Walküre* war. M. Callas kommentierte: *Es scheint, daß ich zu musikalisch und zu sehr Dame auf der Bühne bin, daß man mich hier schätzt. Sie wollen, daß man sich auf der Bühne die Haare rauft ...*

In Rom 1949 sang sie schließlich ihre letzte Wagner-Partie, die Kundry in *Parsifal*. Diese Oper wurde als einzige Wagner-Oper mit M. Callas bei einer konzertanten Aufführung in der *RAI* in Rom 1950 vollständig aufgenommen, und Wagner scheint in ihrem Repertoire nach 1950 nicht mehr auf.

Seit der *Norma* von Florenz im November 1948 kennt die Welt ihre außergewöhnlichen Fähigkeiten im Bereich des Belcanto.

Durch einen Zufall werden diese unbegrenzten Möglichkeiten ihres Repertoires dem erstaunten Opernpublikum von Venedig auf sensationelle Weise gezeigt. M. Callas sang gerade *Die Walküre* im *Teatro la Fenice*, als Margherita Carosio, die für die Premiere der Oper *I Puritani* vorgesehen war, krank wurde. Neun Tage vor der Premiere war es enorm schwierig, einen Ersatz zu finden. Die verzweifelte Theaterleitung und Maestro T. Serafin wandten sich an M. Callas, obwohl sie wußten, daß sie bis zum Premieren-Abend der *Puritani* noch drei *Walküre* zu absolvieren hatte und daß sie aus der Partie der Elvira nur die Arie *Qui la voce* kannte ...

Sie nahm die enorme Herausforderung an und gewann. Mario Nordio[24] schrieb nach der Premiere: *Viele waren überrascht, den Namen der großartigen Brünnhilde, Isolde und Turandot als Interpretin der Elvira angekündigt zu lesen. Gestern Abend mußten auch die, die am skeptischsten waren, das Wunder anerkennen, das Maria Callas dank ihrer strengen Jugendstudien mit De Hidalgo, die die vielleicht größte Elvira und Rosina ihrer Zeit gewesen war, und dank der Flexibilität ihrer klaren gut plazierten Stimme und den strahlenden hohen Tönen vollbrachte. Ihre Interpretation war außerdem von einer warmen, humanen Expressivität, die man bei den wie Kristall glänzenden Registern und der fragilen Transparenz der anderen Elviras vergeblich suchen würde ...*

Dieser letzte Gedanke wurde zum Tenor jedes neuen Auftritts der M. Callas in einer Rolle, die traditionsgemäß von *soprani leggeri* gesungen wurde, bis es für diese Sängerinnen nicht mehr ohne weiteres möglich war, diese Rollen nur als Bravourstücke oder *cavalli di battaglia* für leichte Kehlen zu betrachten.

Als Einleitung zu Edita Gruberovas Plattenaufnahme mit dem Titel *Die Kunst der Koloratur* schreibt Jürgen Kesting: *Typische 'soprani leggeri' wie Marcella Sembrich, Amelita Galli-Curci, Luisa Tetrazzini, Selma Kurz, Maria Ivogün und Erna Berger haben selbst die Violetta (...) gesungen, was erst als unangemessen empfunden wird, seit Maria Callas das abschätzig sogenannte 'Nachtigallen-Repertoire' mit einer gleichsam expressiv durchglühten Virtuosität gesungen hat. (...)*

Wenn man von zwei Konzerten, eine Benefiz-Gala der *Legion d'Honneur* 1958 und ein Konzert im *Theatre des Champs Elysées* 1963, absieht, erlebte das Pariser Publikum die schon zur Legende gewordene Maria Callas zum ersten Mal in einer Opernaufführung, als sie 1964 als Norma in der *Opéra* auftrat.

Franco Zeffirelli, der Regie führte, vergötterte die Sängerin und stand ihr mit tiefer Bewunderung stets zur Seite. Trotzdem gestaltete sich die Arbeit schwer, denn sie war stimmlich und seelisch erschöpft; doch nicht alle ihre Sänger-Kollegen waren bereit, ihr zu helfen.

Franco Corelli war als Pollione sehr verständnisvoll und auch Giulietta Simionato, die im nächsten Jahr die Vorstellungen vom 14. und 17. Mai (1965) sang, doch *unglücklicherweise war es nicht so mit F. Cossotto*, sagte[25] später F. Zeffirelli: *In den Duetten müssen Norma und Adalgisa in intimer Harmonie singen, Hand in Hand. Wenn Maria das Zeichen gab, eine Phrase zu beenden, ignorierte Cossotto das Zeichen und hielt den letzten Ton ein paar Sekunden länger. Wie ungroßzügig von ihr.*

Maria wurde dabei verletzt. Ich ging hinter die Bühne und schwor ihr, niemals wieder mit Cossotto zu arbeiten, und ich tat es auch nie wieder.

Zeffirelli gibt uns etwas von der Atmosphäre dieser Zeit[26], wenn er sagt: *Wir alle, die uns mit dieser 'Norma' befaßten, fühlten uns geehrt, mit Maria zu arbeiten. Wie sich später herausstellen sollte, war es die letzte neue Produktion, die sie gemacht hatte. Ein Jahr später sang sie die letzte Aufführung ihres Lebens, eine 'Tosca' im 'Covent Garden'.*

Seine Worte zur *Norma*-Inszenierung geben einen Eindruck der Faszination, die diese Sängerin erweckte, und wie sie auf Regisseure inspirierend wirken konnte: *... Während Marias erster Szene schien ein Mond durch den Hain, um eine begrabene Welt heraufzubeschwören, jenes verlorene Paradies des Belcanto, das Maria uns offenbarte.*

Für mich war Maria speziell in 'Norma' eine Brücke, eine wirkliche Brücke von 150 Jahren. Sie war der wunderbare Träger von Gerüchen und Werten, die längst verloren und vergessen waren. Sie brachte sie wieder zum Leben, polierte und frischte sie für uns auf. Ich bin sicher, sie sang die 'Norma' wie niemand anderer sie je gesungen hat, einschließlich Giuditta Pasta, die sie kreiert hatte ...

An Hand der existierenden *Norma*-Aufnahmen *live* und im Studio kann man heute noch die Entwicklung der Sängerin verfolgen, denn von 1944, als sie *Casta diva* für den griechischen Rundfunk in Athen sang, bis sie am 29. Mai 1965 die letzte Szene der Oper in der Pariser Oper absagen mußte, nachdem sie auf der Bühne zusammengebrochen war, begleitete *Norma* jeden entscheidenden Schritt ihrer Entwicklung. Es existieren sechzehn Aufnahmen der Sängerin als Norma.

Es ist vielleicht interessant, um die Situation, in der sich M. Callas während der Zeit der Norma in Paris befand, zu verstehen, F. Zeffirellis Autobiographie zu zitieren[27]: *Maria meisterte die Schwierigkeiten des zweiten Aktes bravourös, aber im dritten Akt kommt ein besonders gefährliches hohes C - und Marias Stimme überschlug sich, alle konnten es hören. Diesmal war es nicht die ,Lucia' in Dallas, wo sie das Krächzen in einen Todesschrei verwan-*

deln und mit einer dramatischen Geste zusammenbrechen konnte. (...) und wieder begannen die Schwachköpfe zu brüllen und zu buhen (...) Große Oper ist mehr als eine Frage der Stimmakrobatik. Für mich und alle anderen, die die Oper lieben, hatte Maria triumphiert. (...)

Hinter der Bühne schienen alle von einer wahnwitzigen Fröhlichkeit befallen; ich kam kaum dazu, Maria die üblichen Worte der Anerkennung und des Dankes zu sagen, denn schon wurde sie von den ‚beautiful people' entführt, die glaubten, dieser Abend gehöre ihnen. Wir wurden alle ins Maxim eingeladen, wo Onassis eine ganze Etage für die Abendgesellschaft der Saison gemietet hatte (...) das Gedränge der Reichen und Berühmten war überwältigend. In der Mitte stand der bullige Ari neben seiner Norma, die nach der Zerreißprobe dieses Abends erschöpft wirkte. War dies nicht, was sie wollte? fragte ich mich. War dies nicht, was ich wollte - die nicht enden wollenden Glückwünsche, das Lob, mit dem ich im Beisein meiner Angehörigen überhäuft wurde? Und dann schaute ich wieder zu Maria hinüber und sah, wohin das führen konnte. Ich war völlig verwirrt: wie Maria schien auch ich alles zu haben - und nichts. Was, um alles in der Welt, bedeuteten uns diese Leute überhaupt? Sie waren doch nichts weiter als der Jet-set der Superreichen aus Monte Carlo, für den wir erstklassige Entertainer waren ...

John Ardoin schreibt im Vorwort seines Buches *Maria Callas und ihr Vermächtnis*, das die Callas-Discographie bespricht, folgendes: *Die Tatsache, daß man zum Studium der Musikerin Callas (und das ist ihr ursprüngliches Verdienst) über so umfassendes Quellenmaterial verfügt, ist an sich schon ein Gradmesser für ihren Einfluß und ihre schöpferische Persönlichkeit ...*

Walter Legge, der zwölf Jahre lang als Aufnahmeleiter der EMI bei einigen der besten ihrer Studioaufnahmen mitgearbeitet hatte, drückte es so aus[28]: *Die Callas besaß das sine qua non für eine große Karriere, ein sofort erkennbares Timbre. Es war eine große Stimme, die in ihren besten Jahren fast drei Oktaven umfaßte, wenn auch die äußerste Höhe manchmal prekär war (...) Die fundamentale Qualität war luxuriös, die technischen Fähigkeiten phänomenal. Tatsächlich besaß die Callas drei verschiedene Stimmen, die sie alle jederzeit für emotionale Effekte färben konnte: hohe Koloratur, füllig, brillant (und, wenn sie wollte, dunkel-getönt), bewundernswert beweglich. In diesem Teil der Stimme gab es selbst bei den schwierigsten Fiorituren weder musikalische noch technische Schwierigkeiten, die sie nicht mit verblüffender, scheinbar unbeabsichtigter Leichtigkeit meistern konnte. Ihre chromatischen Läufe, besonders von oben nach unten, waren von herrlicher Weichheit, ihre Staccati von nahezu unfehlbarer Akkuratesse, selbst bei kniffligsten Intervallen. Es gibt kaum einen Takt im ganzen Bereich der im neunzehnten Jahrhundert geschriebenen Musik für hohen Sopran, der ihre Fähigkeiten auf eine ernste Probe ge-*

stellt hätte, obwohl sie manchmal bei ausgehaltenen hohen Tönen zu hoch wurde oder sie nur mit Gewalt erreichte.

Der Kern ihrer Stimme war im wesentlichen dunkel schattiert, ihre ausdrucksvollste Lage, in der sie ihr weichstes Legato verströmte. (...) Sie benützte ihre Bruststimme hauptsächlich für dramatische Effekte, wobei sie viel höher in sie einstieg als die meisten Sängerinnen mit ähnlichem Stimmumfang, wenn sie glaubte, daß der Text oder die dramatische Situation dadurch gewannen. Leider geschah es nur in schneller Musik, besonders bei absteigenden Tonleitern, daß sie mit vollkommener Meisterschaft die drei durchaus unvereinbaren Stimmen zu einer kunstvollen Einheit zusammenfügte, und es gelang ihr ungefähr bis 1960, hörbare 'Gangschaltungen' mit Einfallsreichtum unkenntlich zu machen.

Ihre Legato-Linie war besser als bei irgendeinem anderen Sänger, (...). Sie benutzte die Konsonanten mit großer Wirkung und hielt doch die Legato-Linie immer derart durch, daß man die Unterbrechung durch die Konsonanten überhaupt nicht bemerkte, es sei denn, es war aus dramatischen Gründen erwünscht.

Callas verachtete 'nur' schönes Singen mit Überzeugung. Obwohl sie während ihrer ganzen Karriere mit Belcanto beschäftigte - also mit schönem Singen - war sie eine der wenigen italienischen Künstlerinnen, an die ich mich erinnere, die eine Silbe oder auch nur einem einzelnen Konsonanten besondere Bedeutung von dramatischer Intensität und Absicht verleihen konnte.

Am bewundernswertesten von allen ihren Eigenschaften waren ihr Geschmack, ihre Eleganz und der tief musikalische Einsatz der Verzierungen in all ihren Formen und Kompliziertheiten, die Abwägung und Länge jeder Appoggiatur, die weiche Einbettung des Doppelschlags in die melodische Linie, die Akkuratesse und das Tempo ihres Trillers, das scheinbar zwangsläufige Timing ihrer Portamenti, deren Bogen sie mit bezaubernder Grazie und Bedeutung variierte. Da waren ungezählte exquisite, glückliche Momente - winzige Portamenti von einer Note zur benachbarten oder über weitgespannte Intervalle hinweg oder Farbänderungen von unwiderstehlichem Zauber. In diesen Bereichen des Belcanto war sie die unerreichte Meisterin des Fachs. ...

Im Jahr 1949 sang M. Callas *Casta diva* für Cetra, 1954 die ganze Oper für EMI, 1955 für die RAI, 1960 wieder für EMI. Auch die Aufführungen von Mexico City 1950, London 1952, Triest 1953, Milano 1955, Rom 1958 (nur den ersten Akt), Paris 1964, Paris 1965 wurden aufgenommen sowie die *Casta diva* aus den Konzerten von London 1958, Paris 1958, London 1963, Stuttgart 1963 und Berlin 1963.

Zwei andere Werke V. Bellinis, die einmal durch M. Callas gesungen in ein anderes Licht gerückt worden sind, waren *Il Pirata* und *La Sonnambula*.

Treu zur historischen Parallele der Giuditta Pasta, für die nicht nur *Norma*, sondern bezeichnenderweise auch *La Sonnambula* geschrieben worden war, schickte sich Maria Callas im März 1955 an, das süße, unglückliche Mädchen, Amina, zum Leben zu erwecken.

Wenn aus Normas komplexem Charakter mit der Zeit die klassische Priesterin betont wurde und als Rolle ins Repertoire der dramatischen Stimmen ging, fand sich Amina bald fest in den Händen der *soprani leggeri* und wurde immer blasser. Elvira de Hidalgo, die Callas-Lehrerin, singt auf einer Schallplatte, die Aufnahmen der berühmten Lehrerin und der noch berühmteren Schülerin vereint, das Rondo *Ah, non giunge* aus *La Sonnambula*. Der Vergleich zu M. Callas humaner, warmer, inhaltlich reicher Bravourauffassung zeigt in aller Deutlichkeit den großen Schritt, den das Musiktheater mit dieser Sängerin vollzogen hat.

Im Februar 1936 schrieb Walter Legge[29] anläßlich eines Konzerts mit Toti dal Monte: *... bald werden die Koloratur-Soprane aus unseren Konzertsälen verschwunden sein. (...) Augenblicklich läßt sich nicht feststellen, ob dieser Mangel an Interesse auf das sinkende Gesangsniveau zurückzuführen ist oder ob das Publikum aus der Kinderei dieses Genres herausgewachsen ist. (...), und wenn der Koloratursopran geht, dann gehen mit ihm Bellini, Donizetti, Rossini und alle Verdi-Opern vor 'Aida' ...*

Maria Callas Amina ist eine Hymne an die Ausdrucksstärke der Bellinischen Melodie, die sie mit enormer Sensibilität, in traumhaften Akzentuierungen durch crescendi und decrescendi umkost. Ihre Stimme ist anmutsvoll und pur wie selten, bei den Melismen, den Staccati, den Skalen und den hohen Tönen, auch beim hohen Es ist sie faszinierend virtuos.

J ene Produktion der Mailänder Scala leitete Leonard Bernstein, und Luchino Visconti schuf (ein Jahr vor der *Traviata*) eine träumerische, betont romantische Inszenierung, in der Maria Callas, angezogen und frisiert wie eine Ballerina, im Glanz ihrer neugewonnenen schlanken, eleganten Figur den alten Typus der dicken, unbeweglichen Primadonna begrub. Die Sängerinnen der zweiten Hälfte des Jahrhunderts haben mit wenigen Ausnahmen eine gute Figur und der Typ der *singing armchairs* ist nicht mehr selbstverständlich. Auch in diesem Punkt gewann ihr Theaterinstinkt und ihr Wille den Kampf gegen die Vorurteile der Sängerwelt.

In einer symbolischen Regie-Geste ließ Luchino Visconti am Ende der Cabaletta des letzten Aktes langsam Bühne und Zuschauerraum illuminieren, sodaß Maria Callas in einer Apotheose der Primadonna nicht mehr als das Bauernmädchen Amina, sondern als eine *Divina* in der Mitte der Bühne stehend, den frenetischen Applaus entgegennahm.

Der *Corriere della Sera* schrieb nach der Aufführung vom 5. März 1955, die zum Glück auch aufgenommen wurde: *Eine Amina von außerordentli-*

cher gesanglicher Bedeutung, besonders erstaunlich im letzten 'Rondo', das sie mit der Agilität eines Akrobaten meisterte. Nach einer Reihe von Aufführungen im März 1957 und einer Studioaufnahme des Werkes für EMI unter Antonino Votto gastierte M. Callas damit beim Festival von Edinburgh.

Mit einem Vertrag über vier Aufführungen reiste Maria Callas im August nach Edinburgh, wo sie aber erfuhr, daß ihr Name für fünf Vorstellungen annonciert worden war.

Ihr Gastspiel versetzte die Briten in Ekstase, sie weigerte sich aber, die Extra-Vorstellung zu singen. Sie gab ihre Einwilligung zu einer öffentlichen Erklärung der Scala-Direktion: *Maria Callas left the festival because of her precarius health*, um den Ruf des Theaters zu schonen, aber die Presse kritisierte sie umso härter, als sie anschließend nach Venedig zum lange vorbereiteten großen Ball fuhr, den die Journalistin Elsa Maxwell ihr zu Ehren organisiert hatte.

Die Absage von Edinburgh, ihre Absage eines Vertrags über sieben schon angekündigte *Traviata*-Vorstellungen unter Herbert von Karajan an der Wiener Staatsoper, die Absage der ersten *Norma* im Festival von Athen 1957, die Annulierung ihres Vertrags mit der Oper von San Francisco durch Kurt Adler und vor allem die unterbrochene *Norma* von Rom belasteten das Image der Sängerin und die neue Spielzeit an der M. Scala.

A. Ghiringhelli drückte sich vor einer öffentlichen Erklärung über die wahren Gründe der Absage von Edinburgh, und eine feindliche Spannung begann die Arbeit im Theater zur Qual zu machen. Ermüdet und verbittert beschloß Maria Callas nach Beendigung der *Pirata*-Aufführungen, die für Mai 1958 fixiert waren, das Theater zu verlassen.

Ihr Publikum strömte zur letzten Vorstellung emotionsgeladen, umso mehr, als die Polizei es verboten hatte, die Blumen, die viele mitgebracht hatten, mit in den Zuschauerraum zu nehmen. Der Krieg zwischen dem Intendanten und der ersten Sängerin kennzeichnete die Vorstellung, angefangen von Imogenes Wahnsinnsszene, als M. Callas ihre Worte *La, vedete il palco funesto* direkt zur Loge des Intendanten hinschleuderte, bis zur Antwort der Scala-Leitung, die die endlosen Huldigungen des Publikums nach der Vorstellung gewaltsam beendete, indem sie den eisernen Vorhang herunterkommen ließ und die Räumung der Bühne anordnete. *Es war nicht Kunst, was man zum Schluß mit mir machte, sondern eine harte, obszöne Schlacht, nicht wahr?*, schrieb M. Callas 1962 an G.L. Volpi[30], der sie, wie viele andere, aufgefordert hatte, wieder einmal in Italien zu singen. *Ich wollte, Sie wüßten genau, was ich an der Scala an Gutem, aber auch an Bösem erlebt habe. Der lügnerische, ungerechte Journalismus. Der Gatte.*

Sie würden eine noch blutende Wunde sehen, die vielleicht nie heilen wird. Sie werden sagen, ich übertreibe. Vielleicht. Aber wer sich der Musik gewidmet hatte wie ich, im Glauben an eine musikalische und vor allem ideale Welt, wie die wirkliche Musik ist, um sich dann in einer Arena voll Löwen zu finden, würde es ein bißchen verstehen ...

Es existiert keine Aufnahme der Vorstellung von *Il Pirata* an der Scala, wohl aber die einer konzertanten Aufführung in der Carnegie Hall in New York 1959. Sie folgte der Annulierung des Vertrags M. Callas mit der Metropolitan Oper durch Rudolf Bing.

G. B. Meneghini schreibt im Gegensatz zu allem, was bisher darüber veröffentlicht wurde, daß sie beide selbst (Meneghini und Callas) R. Bing dazu provozierten, aus dem Vertrag auszusteigen, weil die Bedingungen der Metropolitan künstlerisch und finanziell viel schlechter waren als bei allen anderen Angeboten.

Tatsächlich folgten der Annulierung des Vertrages eine Reihe von Konzerten in den verschiedensten Musikzentren der Welt, die einem breiten Publikum die Gelegenheit gaben, M. Callas live zu erleben.

Nach der Carnegie Hall in New York folgten Washington (Constitution Hall), Madrid (Teatro de la Zarzuela), Barcelona (Gran Teatro del Liceo), Hamburg (Musikhalle), Stuttgart (Liederhalle), München (Deutsches Museum), Wiesbaden (Kursaal), Amsterdam (Konzertgebouw), Brüssel (Theatre de la Monnaie), Bilbao (Coliseo Albia), London (Royal Festival Hall), Berlin (Titania Palast) und Kansas City (Loew's Midland Theater).

MARIA CALLAS
UND LA TRAVIATA

Als Maria Callas im Jahre 1951 zum ersten Mal die Rolle der Violetta Valery in Verdis vielleicht beliebtestem Werk *La Traviata* einstudierte, hatte sie schon Isolde, Turandot, Leonora (sowohl in *Forza del Destino* als auch im *Fidelio*), Aida, Norma, Brünnhilde, Elvira (in *I Puritani*), Kundry, Abigaille, Tosca und Fiorilla (in *Il Turco in Italia*) gesungen.

Allein wenn man diese Reihe von disparaten Rollen betrachtet, versteht man, welche Erwartungen man in die Begegnung der Callas als Violetta Valery setzte. Denn die Vielseitigkeit von stimmlicher und darstellerischer Fähigkeiten ist die Voraussetzung für diese problematische Partie, die nicht für eine bestimmte Sängerin konzipiert worden war, im Gegensatz zu Bellinis Norma (für Giuditta Pasta), Rossinis Semiramide (für Isabella Colbran) oder Verdis Abigaille in *Nabucco* (für Giuseppina Strepponi, Verdis spätere Frau).

Die Persönlichkeit der Margherite Gautier im Drama von Alexander Dumas *La dame aux camelias*, die im Libretto von Francesco Maria Piave zu Violetta Valery wird, ist faszinierend, aber war zur Zeit der Weltpremiere (6. April 1854) zu neu und zu gefährlich für ein Opernpublikum, das an höfische, heroische, mythologische, historische und pseudohistorische Stoffe gewöhnt war. Bei diesem Stoff fällt die mildernde zeitliche Distanz weg und eine realistische Geschichte mit bürgerlichen Alltagsfiguren läuft ab. Violetta, eine junge lungenkranke Kurtisane, elegant, schön und großzügig, erfährt durch Alfredo Germont zum ersten Mal das seltene Glück *esser amata amando,* lieben und geliebt zu werden.

Die *gute* Gesellschaft, deren Ideen Vater Germont repräsentiert, zwingt sie zum größten Opfer, das eine liebende Frau bringen kann: ihrem Geliebten vorzutäuschen, daß sie ihn nicht mehr liebe, um dann, von ihm verlassen, arm, hoffnungslos und krank auf ihr Ende zu warten.

Um der dramatischen Situation, so wie sie sich vom ersten bis zum dritten Akt entwickelt, in Verdis Partitur gerecht zu werden, braucht man eine große Schauspielerin und einen wahren *soprano drammatico d'agilità*, virtuos für den brillanten ersten Akt, lyrisch und dramatisch für die anderen Akte.

Die Violetta der Weltpremiere, Fanny Salvini-Donzelli, scheint nicht ideal gewesen zu sein, und Verdi schreibt am 7. März 1853, einen Tag nach der Premiere, daß die Traviata ein *fiasco* war. *Colpa mia, o dei cantanti? Il tempo giudicherà.* Meine Schuld oder die der Sänger? Die Zeit wird richten.

In einem Brief[1] an einen Freund vom 16. Februar 1854 schreibt er: *Ah, Ihnen gefällt also 'Traviata', diese arme Sünderin von Venedig. Ich will alles tun, um sie der Welt ehrenvoll darzustellen. In Neapel nicht, damit eure Priester und Brüder keine Angst zu haben brauchen, sich gewisse Dinge auf der Bühne ansehen zu müssen, die sie nur im Dunkel tun. Es wäre wahrhaftig besser, sie im Sonnenlicht auf der Piazza 'ad uso Diogene' aufzuführen.*

Ein Jahr nach dem Mißerfolg der Weltpremiere am 6. April 1854 wird die Oper wieder in Venedig, diesmal im *Teatro San Benedetto*, mit großem Erfolg aufgeführt. Verdi schreibt darüber[2]: *Die Traviata, die man jetzt im Theater S. Benedetto aufführt, ist genau die gleiche, die man im vergangenen Jahr im Fenice gebracht hat - mit Ausnahme einiger Ton-Umstellungen und Punktierungen, die ich selbst vorgenommen habe, um den Sängern gerechter zu werden (...), sonst ist kein einziges Stück verändert, nichts dazugefügt, nichts gestrichen, kein musikalischer Einfall umgeändert worden.*

Das Theater Fenice und das Theater S. Benedetto führen die gleiche Oper auf; damals fiel sie durch, heute macht sie Furore! Also rechnen Sie sich aus!!!

In der Tat, seit der Aufführung im Theater S. Benedetto ist die Traviata ein Standardstück des Opernrepertoires geworden, und die Titelrolle stellt die Interpretinnen jedesmal vor gigantische Forderungen. Der erste Akt, der von der Violetta viel Brillanz und sichere Koloraturtechnik verlangt, hat im Laufe der Zeit dazu verleitet, daß die Rolle von leichten Koloratur-Sopranistinnen gesungen wurde, wie Lina Pagliughi, Maria Barrientos, Mercedes Capsir oder Toti dal Monte.

Leonardo Bragaglia schreibt in seinem Buch[3] über die Verdi-Interpreten: *Es ist sehr schwer (wenn es sich nicht um einen wahren 'soprano drammatico d'agilità' handelt, wie Frazzolini (eine berühmte Traviata zu Verdis Zeiten) es war und wie die Callas es sein wird), einen Sopran zu finden, der, nachdem er in diesem ersten Akt mit seiner Technik triumphiert hatte, den Klang und die menschliche Dimension für die anderen Akte besäße.*

Das ist also der Kern der Problematik, und hier beginnt Maria Callas' Beitrag zur idealen Interpretation dieser Rolle und zur Wiedergewinnung verlorener Dimensionen von darstellerischen und sängerischen Möglichkeiten, die, sowohl im Geiste unseres Jahrhundert ist, als auch ganz im Sinne von Verdi. Verdi selbst spricht von einem Singen im Sinne der Zukunft, als er über die Sängerin Penco sagt: *Sie ist nicht mehr die Penco von vor fünf Jahren, zur Zeit des 'Troubadour'. Damals hatte sie Temperament, strahlte Gefühl und Hingabe aus. Heute möchte sie so singen wie man vor dreißig Jahren sang. Aber ich wünschte, sie könnte so singen, wie man in dreißig Jahren singen wird.*

Ihre erste Traviata sang Maria Callas am 14. Januar 1951 im *Teatro comunale* von Florenz, im Rahmen der Feiern zu Verdis 50. Todestag. Tullio Serafin war der Dirigent dieser Aufführung, und er studierte mit ihr auch die Partie ein. In den folgenden Jahren sang sie die Traviata achtundfünfzig Mal in verschiedenen Städten Europas, Südamerikas und der Vereinigten Staaten.

G. B. Meneghini, der Ehemann und Manager von Maria Callas, beschreibt[4], wie die Bemühungen des Scala-Intendanten Antonio Ghiringhelli, die Callas für die Scala zu gewinnen, immer wieder zu scheitern drohten, nachdem die Callas sein Angebot, die Scalasaison 1951 zu eröffnen, nur akzeptieren wollte, wenn er ihr versprach, in derselben Saison die *Traviata* singen zu können. Er versprach es am Ende, um die Zusammenarbeit der gefragten Sängerin mit der Scala zu sichern. Ihre erste *Traviata* an der Scala sang sie jedoch erst im Mai 1955.

In der Zwischenzeit gab es unzählige Auseinandersetzungen zwischen Ghiringhelli und Callas, das Interesse wuchs, und viele Regisseure, darunter auch Franco Zeffirelli und Luchino Visconti, wollten die Inszenierung übernehmen.

Nachdem Visconti Maria Callas als Violetta gesehen hatte, träumte er immer von einer eigenen Traviata-Inszenierung mit ihr in der Titelrolle und war stets besorgt, daß es einem anderen gelingen könnte, dieses Projekt vor ihm zu realisieren. Als ihm Meneghini einmal mitteilte, daß es ein Fernseh-Angebot für *Traviata* gäbe, schrieb ihm Visconti feurig seine Besorgnis, aber auch seine Meinung, daß die Traviata im Künstlerleben der Callas eine Sonderstellung haben sollte[5]: *Ich war bestürzt über einen Teil der Nachrichten, die Du mir zukommen ließest: Das Fernsehangebot. Wie kann sich Maria von so einem absurden und gefährlichen Projekt verführen lassen? Ich spreche nicht aus Egoismus und Neid. Neid ja, indem Maria die Traviata mit anderen machen würde (weil ich sicherlich nicht für das Fernsehen arbeiten würde). Aber habt ihr je eine Theater-Aufführung im Fernsehen gesehen? Und noch schlimmer, eine Oper? Mein Gott! Meiner Meinung nach ist es das häßlichste, unerfreulichste, antikünstlerischste und antiproduktivste Schauspiel, das man heute sehen kann.*

Erstens gibt es die üblichen technischen Bedingungen des Mediums Fernsehen: ein schreckliches Bild, die häßlichsten kinematographischen Ergebnisse, ein unbeholfenes Grau ohne Seele, ohne Vitalität. Von den Aufführungen gar nicht zu sprechen. ... Aufführungen, wo Pseudo-Regisseure in ihrem Drang nach Nacktheit und Originalität Theater mit Kino, Drama mit Dokumentarfilmen mischen. Stelle Dir den Eintopf vor! Und das Schlimmste, um eine 'Lebendigkeit' in der Interpretation zu erreichen (was sie für gescheit halten), bewegen sie ihre Kameras so, daß du seekrank wirst.

Abgesehen davon, wißt Ihr, daß sie Oper mit einem voraufgenommen Ton machen? Die Oper wird zuerst gesungen und aufgenommen, und nachher müssen die Sänger (ich sehe Maria) für die ganze Oper den darstellerischen Teil aufzeichnen, indem sie dazu nur die Lippen bewegen. Das ist gut für Dilettanten, aber nicht für einen wahren Künstler. Und Maria würde ihre Traviata so einer barbarischen und kompromißlosen Mode anbieten, eine wichtige und mit Gier erwartete Traviata, 'televised' (was für ein schönes Wort!!!), schlecht photographiert, mit 'close-ups', die arrangiert sind, gut beleuchtet, durchdacht, studiert, mit Violettas Bühnenaktionen pre-arrangiert ein paar Tage vorher, sodaß sie aussieht wie ein Goldfisch in einem Topf.

Bitte entschuldigt diesen Ausbruch, aber ich kann nicht verstehen, wieso Maria hoffen kann, von so einem riskanten Wagnis zu profitieren ... Das Medium ist noch zu unterentwickelt. (...) Dieses Werk sollte für Maria meiner Meinung nach das Endziel, ihr interpretatorisches Meisterwerk, ihre künstlerische Kulmination, ihre neunte Symphonie repräsentieren.

Sag mir, ich soll zum Teufel gehen, aber ich betrachtete mich nicht als einen Freund, böte ich nicht meine Meinung an ...

Maria Callas hat nie die Traviata für das Fernsehen gesungen. Der Wunsch Viscontis ist aber in einer glücklichen Zusammenarbeit an der Mailänder Scala im Frühling 1955 Wirklichkeit geworden. Carlo Maria Giulini war mit der musikalischen Leitung der Produktion betraut und Lila de Nobili mit den Bühnenbildern und Kostümen.

Giulini schreibt[6], seinen ersten Blick auf die Bühne schildernd: *Mein Herz blieb stehen. Ich war überwältigt von der Schönheit dessen, was vor mir stand. Das emotionsgeladenste, exquisiteste Dekor, das ich je gesehen hatte. Lila de Nobilis' außergewöhnliche Bühnenbilder und Kostüme gaben mir das Gefühl, daß ich in eine andere Welt eingetreten war. In eine Welt von unglaublicher Unmittelbarkeit... Ich hatte stets das gleiche Gefühl, jedesmal wenn ich diese Produktion dirigierte - über zwanzig Mal in zwei Spielzeiten. Für mich war die Realität auf der Bühne. Was hinter mir war, das Publikum, das Auditorium, selbst die Scala, schien dagegen artifiziell. Nur das, was auf der Bühne atmete, war Wahrheit, war das Leben selbst.*

Im ersten Akt war Maria Callas so angezogen und bewegte sich ähnlich wie die anderen Kurtisanen-Darstellerinnen, nur daß sie eine mysteriöse Aura hatte, die sie von allen übrigen unterschied. Sie war weder mehr beleuchtet, noch hatte sie mehr Aktion. Sie besaß einfach diesen einzigartigen Magnetismus.

Unser Konzept unterstellte, daß Liebe etwas war, was Violetta nicht kannte, etwas, was sie sogar vermied. Sie ahnte, daß sie, wenn sie sich verliebte, ihre Ausstrahlung verlieren würde, ihre kalte Fähigkeit, mit dem Leben zu spielen. Wahre Liebe würde für sie das egoistische Vergnügen gefährden. Also eine Frau, die egoistisch lebt, von den anderen nimmt und nie selbst von ihrem Inneren gibt.

Für mich wird diese Traviata immer eine spezielle Erinnerung bleiben. Lange bevor ich mit den musikalischen Proben mit Solisten, Chor und Orchester begann, bevor Visconti seine Regiearbeit mit der Besetzung begann, arbeiteten wir längere Zeit mit Maria allein. Wir erreichten eine völlige Übereinstimmung zwischen Wort, Musik und Aktion. Visconti, abgesehen davon, daß er ein Theatergenie ist, hat eine unglaubliche Sensibilität für die romantische italienische Oper. Jede Geste Marias hat er allein durch musikalischen Spürsinn erschlossen. Wir konzentrierten uns auf Violettas geistigen Zustand und versuchten, die Psyche dieser fragilen Kreatur zu durchleuchten. Währenddessen entdeckten wir tausend delikate Nuancen. Ich bin sicher, jeder, der Maria gesehen hat, konnte sie nicht mehr vergessen, wie man auch nicht die Schönheit von Greta Garbo im 'camille' vergessen konnte. Man war aufgeregt bewegt.

Was den Gesang der Callas betrifft, so hatte ich vier Jahre zuvor eine einzige Traviata mit ihr in Bergamo dirigiert. Sie kam im letzten Moment als Ersatz für Renata Tebaldi, die die Premiere gesungen hatte. Wir hatten kaum Zeit, die Rolle am Klavier einmal durchzuspielen. Natürlich sang Maria schon damals herrlich - aber ihre Violetta an der Scala war etwas anderes, inniger, sehr zärtlich. Stets fand sie noch neue Farben ihrer Stimme, neue Werte im musikalischen Ausdruck, alles eine stets erneuerte Einsicht in Violettas inneres Wesen. Alles gelangte bei ihr zur Deckung. Ich kann Ihnen versichern, es war eine lange, mühsame Arbeit, aber nicht um eines populären Erfolges Willen, sondern um Theater in seinem wahren Anspruch zu verwirklichen.

Maria wußte nicht, was 'caprice' oder was Routine bedeutet, geduldig wiederholte sie hundert Mal manche Passage. Sie war eine der wenigen Interpreten, die ich kenne (Sänger, Instrumentalisten, Dirigenten), für die die letzte Aufführung genauso wichtig und aufregend war wie die erste. Manche Abende waren natürlich besser als andere. Kein Sänger ist eine Maschine, aber eines blieb unverändert: Maria widmete sich ihrer Arbeit und dem Theater und hatte den Wunsch, dem Publikum alles zu geben. Man fühlte ihre Inspiration nicht nur in den großen Momenten, den berühmten Arien und Duetten, sondern auch wenn sie den Namen ihres Dienstmädchens in einem Rezitativ aussprach. Es konnte dein Herz zerbrechen.

Der zweite Akt der Traviata, die Begegnung Vater Germonts mit Violetta und ihr Abschied von Alfredo, mit der dramatischen Steigerung, die mit dem Ausbruch *amami Alfredo, con passione e forza*, wie es in der Partitur verlangt wird, endet, war für Giulini und Visconti das Herzstück des Werkes. Auch Verdi schreibt[7]: *Ein Wort noch zu Traviata! Sie finden also den zweiten Akt schwächer als die anderen? Sie haben Unrecht: der zweite Akt ist besser als der erste! Der Dritte ist der Beste von allen, und so muß es auch sein! Wenn ich doch die Sache mit zwei wirklich guten Sängern inszenieren könnte! Dann würden Sie das Duett im zweiten Akt, das Ihnen jetzt zu lang erscheint, wahrscheinlich wunderbar finden und mit mir einer Meinung sein, daß dies Duett es mit jedem meiner anderen aufnehmen kann; ja, daß es in Form und Ausdruckskraft sogar besser gelungen ist!*

Ettore Bastianini und Maria Callas waren bei der Scala-Inszenierung 1955 sicher *zwei wirklich gute Sänger*, denkt man an Giulinis[8] Worte: *Es war unglaublich, wie M. Callas während dieses langen Duetts eine endlose Variation von verschiedenen Stimmungen und Gefühlen brachte. Germont, Ettore Bastianini's schien nicht nur Violettas Qualitäten erkannt zu haben, sondern auch den wahren Wert ihrer Liebe zu seinem Sohn. Sogar heute, wenn ich mich an sie erinnere, wie sie im Garten saßen, fühle ich mich tief bewegt.*

Visconti[9] sagte, daß er diese Traviata für M. Callas persönlich inszeniert hätte: *Nur für sie, nicht für mich. Ich tat es, um der Callas zu dienen, denn einer Callas muß man dienen. Lila de Nobili und ich versetzten die Zeit der Handlung um das 'fin de siècle', rund um 1875. Warum? Weil die Callas wunderbar aussehen würde in Kostümen dieser Zeit. Sie war groß und schlank und in einem Rock mit einer schmalen Taille, Turnüre und einer langen Schleppe würde sie eine Vision sein! Für meine Produktion versuchte ich, sie ein bißchen Duse, ein bißchen Rachel, ein bißchen Bernard zu machen, aber mehr als an alle dachte ich an die Duse.*

Die Hingabe und der Ernst, mit dem Maria Callas im Sinne des Regisseurs und des Dirigenten arbeitete, wenn sie das Konzept akzeptiert hatte, und ihr Streben nach Perfektion und Akribie in den Details, waren auch sehr entscheidend für die legendär gewordene *Revolutionierung der Oper durch Maria Callas*. Denn eine Revolution kann auch ein genialer Sänger nicht allein vollbringen; andere kongeniale Künstler werden durch seine Ausstrahlung inspiriert und angeregt, um dann, in kollektiver Arbeit, die sogar das Publikum einbezieht, die entscheidende Wende zu erreichen. Ein Brief von L. Visconti, ein Jahr nach der inzwischen berühmt gewordenen *Traviata*, bestätigt diesen Aspekt.

Der Brief ist an M. Callas' Ehemann G. B. Meneghini adressiert[10], der damals einen großen Teil ihrer Korrespondenz führte. Visconti erzählt, daß er ein Angebot der Scala abgelehnt hatte, die *Aida* für die Eröffnungsvorstellung der Scala zu inszenieren: *Ich würde es nur machen, wenn ich mit ihrem Einverständnis alle Konventionen in den Wind werfen, Fehler und schlechten Geschmack ausrotten könnte. Aber wie immer in Italien, wenn man eine Oper oder einen Text gewissenhaft neu überprüft, mit dem ernsten Wunsch, sie zu bereinigen, verursacht man einen Skandal. A priori, unvermeidlich.*

Ein Skandal ist fein, wenn das Spektrum der aufgegebenen Arbeit interessant ist. Mit anderen Worten, wenn es der Mühe wert ist, den Sprung ins Wasser zu wagen. Jetzt bot man mir folgendes an: A. Votto, Antonietta Stella und Di Stefano!! Ich verspüre wahrhaftig keine Lust, auch nur ein Gramm von Energie für diese 'Troika' auszugeben. Das ist der Grund, warum ich es abgelehnt habe, und ich fühle keine Reue. Im Gegenteil, ich bin zufrieden. Falls es geschieht, daß die Scala mit einer Kombination von besonderem Interesse zu mir kommt (wie es mit Maria war in der 'Traviata'), dann werde ich der Aufgabe nachgehen, die italienische Oper des neunzehnten Jahrhunderts neu zu durchdenken, was sie sehr nötig hätte.

Stellen wir uns vor, Maria wäre für diese Aida vorgesehen. Dann sähe es anders aus, meine Lust zu arbeiten und meinen Enthusiasmus noch gar nicht zu erwähnen. Denn, Du verstehst, die Traviata wird bleiben (trotz der 'Spätbegreifer' und Sturköpfe, die sagen, daß sie nicht überleben kann), und sie wird bleiben, weil dieses gewisse Neu-Durchdenken jetzt ein künstlerisches Faktum ist, erreicht durch die Kunst einer so großen Schauspielerin wie Maria; und merke Dir, was ich sage: Alle Traviatas der Zukunft, bald, aber nicht sofort (weil menschliche Arroganz ein Fehler ist, den man nur schwer ausrotten kann), werden ein wenig von Marias 'Traviata' enthalten. Nur wenig am Anfang. Dann (wenn sie fühlen, daß genug Zeit dazwischen liegt, sodaß sie nicht Gefahr laufen, direkt verglichen zu werden), viel. Dann das Ganze.

Die Violettas der Zukunft werden von Marias Violetta beeinflußt werden. Es ist fatal in der Kunst, wenn jemand alle anderen etwas lehrt. Maria lehrte. Aber glaubst Du, daß ich anfangen sollte, Stella etwas zu lehren, etwas Wesentliches, oder eine Verbesserung vorzuschlagen? Was könnte sie je damit anfangen? Was für einen Einfluß könnte es auf sie haben? Und dieser eingebildete Di Stefano? Wenn ich hundert Jahre alt werden sollte, würde ich nicht eine einzige Minute meiner Zeit verschwenden, um ihm einen einzigen Beistrich vorzuschlagen. Sein Mangel an professionellem Ernst und Zielstrebigkeit reizt mich auf. (...) Er wird den gleichen Erfolg haben, davon bin ich überzeugt. Aber ich rede von einem anderen Niveau. Ich spreche von Kunst und nicht von vulgärem, leicht gewonnenem Beifall, nicht von schmieriger Schauspielerei, usw. All das interessiert mich nicht und wird mich auch nie interessieren. Aus diesem Grund bin ich Maria dankbar, daß sie mir durch Dich ausrichten ließ, daß sie sich mit Wehmut an die Arbeit, die wir zusammen vollbracht haben, erinnert. Auch wenn Arbeits-, Lebens- oder Berufsumstände eine so glückliche Zusammenarbeit für jetzt verhindern mögen, höre ich nicht auf zu hoffen, daß es sie in Zukunft wieder geben wird.

Luchino Viscontis Prophezeihung über den Einfluß der Interpretation der Callas auf die *Traviata*-Sängerinnen der Zukunft wurde bald Realität, und noch heute bleibt ihre Interpretation ein Wegweiser und Vorbild. Ileana Cotrubas, eine der wenigen Sänger-Schauspielerinnen unserer Zeit, die selbst eine hervorragende Darstellerin der Violetta Valery ist, hat nach eigener Aussage die Callas als Vorbild für diese Rolle gewählt.

Franco Zeffirelli versuchte alles, um M. Callas für eine Verfilmung der Traviata zu gewinnen. *Persönlich*, schrieb er[11] ihr am 26. Juni 1958, *aber das betrifft wahrscheinlich nur mich, werde ich für den Rest meiner Tage der Gelegenheit bitter nachweinen, wenn es uns nicht jetzt gelingt, Deine 'Traviata' auf dreitausend Meter Filmband festzuhalten. Die Idee dieses Films, und ich werde nie müde daran zu erinnern, ist aus diesem moralischen Bedürfnis geboren: ein lebendiges und perfektes Dokument einer Deiner großen Interpretationen aus der Zeit, in der Du im Vollbesitz der Möglichkeiten einer großen Künstlerin und in den Jahren Deiner strahlendsten Form als Frau bist.*

Ich will, daß der Film die ganze Welt erreichen kann, die abgelegensten, vergessensten Plätze von Patagonien bis zum Kongo, daß ihn alle sehen können und daß, verdammt, morgen für die kommenden Generationen das erhalten bleibt, was weder die Duse noch die Bernhard hinterlassen hätten können. Die Dokumentation dieser außergewöhnlichen Kreatur, die Theater und Völker zum erbeben brachte, sie berührte und bis zum Delirium exaltierte in dieser qualvollen Mitte des zwanzigsten Jahrhunderts. Dieses Projekt wurde leider nie realisiert. F. Zeffirelli verfilmte Traviata viele Jahre später mit einer anderen griechischen Sängerin in der Hauptrolle: Teresa Stratas.

Auf Schallplatten sind zwei Aufführungen der Mailänder Scala-Produktion von 1955 festgehalten worden: Die Premiere (18. 5. 1955) und die Aufführung vom 19. 1. 1956.

Ferner sind zwei Aufführungen der Oper aus dem Palacio de las Bellas Artes in Mexico City (17. 7. 1951 und 3. 6. 1952) und eine aus Covent Garden in London (20. 6. 1958) auf Schallplatte erschienen.

MARIA CALLAS
ÜBRIGE VERDI-PARTIEN

Von den zehn Verdi-Opern ihres Repertoires sang Maria Callas abgesehen von *La Traviata* am häufigsten *Aida* (33 Vorstellungen). Trotzdem zeigt diese Tatsache nicht unbedingt eine Vorliebe der Sängerin für diese Rolle, sondern eher die Gunst des Publikums und den Beliebtheitsgrad dieser Verdi-Oper. Denn die meisten Aufführungen der *Aida* mit M. Callas fanden am Anfang der Karriere der Sängerin statt, als sie noch wenig Einfluß auf die Wahl der von ihr gesungenen Stücke hatte. Hauptsächlich waren es kleinere, weniger berühmte Theater, die sie dafür engagiert hatten (*Teatro lirico* Turin, *Teatro Sociale* Rovigo, *Teatro Grande* Brescia, *Palacio de las Bellas Artes* Mexico, *Teatro Comunale* Reggio Calabria), aber sie sang auch einige Vorstellungen am *Teatro Colon* in Buenos Aires, *Teatro dell'Opera* Rom, *San Carlo* Neapel und als Einspringerin für Renata Tebaldi an der Mailänder Scala.

Dies war das erste Mal, daß Maria Callas an der M. Scala sang (12. 4. 1950) und sie hoffte, daß es der Beginn einer Zusammenarbeit mit diesem Theater sein würde; stattdessen bemerkte sie eine gewisse feindliche Atmosphäre, die sich auch in den Berichten der Presse spiegelte. Nur *Il Tempo di Milano*[1] lobte sie: *Maria Meneghini Callas sang die Partie der Protagonistin; wir hörten sie zum ersten Mal, und wir bewunderten sie für ihre dunkel timbrierte intensive Stimme, die ausgeprägte Musikalität, die immer wachsame Aktivität und ihre vortreffliche Frasierung.*

Eine andere Kritik[2] in der Zeitung *Corriere Lombardo* war jedoch weniger schmeichelhaft und das zu einer Zeit, als man ihre stimmliche Begabung einstimmig lobte: *Sie besitzt ein herausragendes Temperament und eine ausgezeichnete Musikalität, aber ihrem Tonumfang fehlt es an Ausgeglichenheit: es sieht so aus, als improvisierte sie von Ton zu Ton den Klangcharakter und die Technik (...) Die Aussprache ist nicht klar, und wenn sie die hohen Töne forciert, gefährdet sie die Sicherheit der Intonation.*

Nach ihrem offiziellen Einzug in diesem Theater (1951) und ihrer internationalen Anerkennung sang sie die Rolle nur mehr in *Covent Garden* (drei Aufführungen im Juni 1953) und in der Arena von Verona (fünf Aufführungen im Juli 1953). Ihr Talent, psychologisch komplizierte, schattenreiche

Charaktere darzustellen, wurde in der *Aida* zu wenig gefordert; der monumentale Charakter des Werks, anders als bei der *Traviata*, dominiert hier. Trotzdem begegnet man in ihren Aufnahmen der Rolle einer ganz persönlichen Art der Akzentuierung durch subtile Bindungen, rhythmische Finessen und ausdrucksvolles Vibrato. 1955 nahm sie die Oper für EMI auf, es existieren aber auch live-Aufnahmen aus Mexico City (1950 und 51), der III. Akt aus Rom (1950) und die Aufführung aus London (1953).

Als Leonora in *Il Trovatore* begegnete man ihr zum ersten Mal im Juni 1950 in Mexico City; es war eine der wenigen Verdi-Rollen, die sie nicht von Anfang an mit Tullio Serafin einstudiert hatte. Erst bei den Aufführungen von Neapel im Januar 1951 sang sie die Partie unter *ihrem* Dirigenten. Ihre Interpretation schuf eine Stimmung unendlicher Melancholie, doch ihre präzisen, meisterhaft ausgeführten Verzierungen verliehen der Rolle auch jenen Hauch von Glanz, der einen daran erinnert, daß auch das virtuose Element in Verdis Musik weiterlebt. M. Callas sang die Oper 1950 in Buenos Aires, 1951 in Neapel, 1953 an der Mailänder Scala, 1955 in Chicago[3] und nahm sie für EMI unter H. v. Karajan auf. Es existieren live-Mitschnitte aus Buenos Aires, Neapel und Milano.

Im *Maggio Musicale Fiorentino* sang Maria Callas 1951 zum ersten Mal die Elena in *I Vespri Siciliani*, und wie es auch im Falle von *Norma*, *Traviata*, *Medea* und *Orfeo* von Joseph Haydn gewesen war (eine Weltpremiere unter Erich Kleiber im Juni 1951), nahm die italienische und die internationale Musikwelt von diesem Erfolg Notiz.

Lord Harewood, der den Florentiner Proben beigewohnt hatte, schrieb[4]: *... obwohl die Callas noch nicht gesungen hatte, ja nicht einmal im Kostüm war, beeindruckte einen die natürliche Würde ihrer Haltung und die Aura ihrer Autorität, die aus jeder ihrer Bewegungen floß.* Die Arie *Il vostro fato è in vostra man*, mit der die sizilianische Prinzessin das Volk ihrer Heimat angesichts der französischen Soldaten zum Kampf auffordert, hatte *eine Spannung, die nicht zum Ertragen war, bis sie sich dann heiter in die Cabaletta löste. ...*

Sechs Monate später eröffnete sie mit Elena die neue Spielzeit der M. Scala. *Sicher fürchtete die wundervolle Kehle Maria Meneghini-Callas sich nicht vor dem außerordentlichen Tonumfang, und speziell im unteren und mittleren Register waren ihre Töne von einer phosphorleuchtenden Schönheit und von einer eher einzigartigen als seltenen Geläufigkeit und Mechanik.* schrieb die Kritik.[5]

Insgesamt sang sie die Rolle 11 Mal und sie nahm die Arien *Arrigo, ah parli a un cor'* (EMI 1960, 1964, 1969), *Mercé dilette amiche* (EMI 1954), *Quale, o prode* (Philips 1971) auf. Sie sang die Arien bei den Londoner Konzerten mit G. Di Stefano 1973, die von EMI aufgenommen wurden.

Macbeth gehört zu den wichtigsten Interpretationen von M. Callas. Verdi wollte für die Lady Macbeth keinen runden, weichen Sopran, sondern eine finstere, harte Stimme, die zuweilen mehr deklamiert, als singt. *La voce della lady deve essere la voce di un demonio*, allerdings meinte G. Verdi sicher nicht eine gesangstechnisch falsch singende Darstellerin (es wäre nicht schwer, so jemanden zu finden), denn, abgesehen von der erwünschten Klangfarbe und Stimmqualität, stellte er mit der Partie sehr schwierige sängerische Aufgaben. Oft begegnet man jedoch diesem Mißverständnis bei der Besetzung der Lady Macbeth.

M. Callas sang ihre erste Lady Macbeth schon 1952 zur Eröffnung ihrer zweiten Spielzeit an der M. Scala (7. 12. 1952), also in der Zeit, als man bereits in *Entführung*, *Lucia*, *Traviata*, *Puritani* oder *Norma* ihre gesangliche Brillanz bestaunte. Arturo Toscanini, vergebens auf der Suche nach der geeigneten Sängerin für die Lady Macbeth (er hatte aus diesem Grund die Oper nie dirigiert), wurde auf M. Callas aufmerksam und ließ sie durch seine Tochter Wally Castelbarco zu einem Vorsingen einladen.

Die spannende Begegnung der zwei Künstler fand am 27. 9. 1950 in seiner Wohnung in Mailand statt; A. Toscanini begleitete selbst am Klavier. *Nie habe ich so viel Kraft, so einen Magnetismus in der Luft gespürt*, schrieb G. B. Meneghini[6]. *Ich saß versteckt in einer Ecke, beinahe ängstlich. Auch die anderen Anwesenden wurden klein!* Nach dem Vorsingen beschloß A. Toscanini, seinen Plan, den *Macbeth* 1951 in Busseto aufzuführen, zu verwirklichen, und M. Callas wurde durch A. Ghiringhelli verständigt.

Jenes Projekt wurde aus unbekannten Gründen nie verwirklicht, doch die Begegnung der Sängerin mit A. Toscanini und sein günstiges, enthusiastisches Urteil über sie änderte auch A. Ghiringhellis ablehnende Haltung gegenüber M. Callas. In einem Brief[7] vom 2. Oktober 1951 schrieb Ghiringhelli: *Sehr geehrte gnädige Frau! Mit regem Wohlgefallen erfuhr ich von ihrer Begegnung mit Maestro Arturo Toscanini, und in Übereinstimmung mit dem schon erhaltenen Hinweis bitte ich Sie, mir Ihre Verfügbarkeit für die Monate August und September nächsten Jahres zu bestätigen.* ... Dieser Brief beweist, daß die verbreitete Meinung, A. Toscanini hätte M. Callas nicht geschätzt und deswegen nicht *Macbeth* mit ihr gemacht, ganz falsch war.

Im Dezember 1952 sang sie die Lady Macbeth an der M. Scala; nach der ersten von fünf Aufführungen unter Victor de Sabata schrieb[8] Franco Abbiati: *Maria Meneghini Callas als Lady gab in den lyrischen Teilen verschwenderisch Stimme und akzentuierte mit Klarheit und Maß; sie feilte die Phrasierung aus und in den Momenten der Gemütserregung hielt sie sich mit Aussprüchen zurück, wie es Verdi wollte* ... Jene Aufführung, die die Spielzeit 1952 - 53 offiziell eröffnete, wurde aufgenommen.

Im September 1958 nahm sie die Arien *Vieni t'affretta*, *La luce langue* und *Una macchia* für EMI auf. Auch eine Probe mit *Vieni t'affretta* mit Nicola Rescigno (Dallas 1957) und die gleiche Arie aus einem Konzertprogramm (Hamburg 1959) existieren auf Band. Besonders interessant ist die Szene der schlafwandelnden Lady, die für M. Callas Fähigkeit, sich in verschiedenartige Stimmungen und Gedanken zu versetzen und sie psychologisch richtig anzuwenden, ein fruchtbarer Boden war.

Aufschlußreich ist eine kleine Episode, die sich während der Aufnahme der Szene im Studio der EMI (1958) ereignete; M. Callas erzählte darüber in einer Diskussion[9]: *Ich war bei Stimme an jenem Tag, denn ihr wißt, wir haben unsere Hochs und Tiefs. Ich war stolz, als ich hinunterging, um das Playback zu hören, und ich sagte zu unserem künstlerischen Leiter Walter Legge: 'Das war, glaube ich, gutes Singen.' - 'Oh, außergewöhnlich,', sagte er, 'aber jetzt wirst Du es hören, und Du wirst verstehen, daß Du es wiederholen mußt.' Ich war ein wenig schockiert und sagte: 'Was meinst Du damit?' Er sagte: 'Du wirst es Dir anhören und Du wirst verstehen!' In der Tat hörte ich es mir an, und es war stimmlich erstaunlich perfekt; aber die Hauptidee dieser Schlafwandlerszene war nicht hervorgehoben. Mit anderen Worten: sie ist in einem alpträumerischen, schlafwandlerischen Zustand. Sie muß alle jene Gedanken vermitteln, die durch ihren Kopf gehen: böse, beängstigend, furchterregend. Ich hatte also ein stimmliches Meisterstück gemacht, aber nicht meine Arbeit als Interpretin. Sobald ich es mir angehört hatte, sagte ich: 'Also, Du hast recht; jetzt verstehe ich.' Ich ging zurück und führte es aus! Sie sehen, ich glaube, sie muß hier mindestens sechs Gedanken, einer völlig verschieden vom anderen, haben. Denn sie hat einen geistigen Zustand erreicht, sagen wir Bewußtsein. Sie ist eine sehr ambitionierte Dame, und um ihrer Eitelkeit willen hatte sie ihren Mann überredet, den König zu töten, um selbst König werden zu können. Die Katastrophe kam, weil sie ihre Schuld nicht ertragen konnte und in der Folge ihren Verstand verlor. (...) Eine wahnsinnige Person hat natürlich verwirrte Gedanken ohne Kontinuität. (...) Du kannst es nicht in nur einer Linie von Anfang bis Ende ausführen. Du mußt es in einzelne Gedanken gliedern (...) Wie kann eine wahnsinnige Frau mit verrückten, von einem zum anderen springenden Gedanken, durch ein gerades, schönes, stimmlich weichplaziertes Gesangskunststück dargestellt werden? Verdi hilft dem Sänger mit seinen diminuendi, crescendi und allargandi. Aber man kann nicht alles allein machen₁ (...) Es ist ein Teamwork von Ernst, großem Wissen, großem Glauben, großer Aufopferung. Einer hängt vom anderen ab, was den Erfolg der Vorstellung betrifft.*

Der Begriff *Teamwork* ist neu in dem Mund einer Primadonna. Eine hart arbeitende Sängerin, *ein wunderbares Instrument[10], das man spielen kann, wie man will, und das auf inspirierende Weise antwortet,* eine Künstlerin, die während der Arbeit diszipliniert wie der letzte Chorist bleibt, ist vom Begriff Primadonna der alten Schule weit entfernt. Vor jener Primadonna hatte der musikalische Leiter, der Regisseur - falls vorhanden - der Kostümbildner und jeder andere Mitwirkende zu knien und zu schweigen gehabt. Ihre Rolle sang sie überall so, wie sie sie gelernt hatte, so wie es für sie am besten und bequemsten war. Sie mußte nicht agieren, denn sie war die glückliche Besitzerin einer Stimme, der Stimme, für die das Publikum gekommen war, nicht um das Schicksal einer Donizetti- oder Bellini-Heldin zu erleben. Sie trug *ihre* Kostüme, die sie überall mitnahm, und etwas rund um sie aufzubauen, schien sinnlos, fast störend. Jede Kreativität starb aus, die Oper reduzierte sich automatisch zu einer konzertanten Aufführung.

Der Schwung der echten Theatralik, der Emotion, reduzierte sich, und die aus ihm resultierenden musikalischen Effekte erstarrten in *Traditionen:* und je mehr sich die Spontanität und Natürlichkeit der Interpretin reduzierte, desto mehr wuchs die akrobatische Brillanz, die dann auch erwartet wurde. Die Aktion verlagerte sich von der Bühne auf die Kehle - eine Endstation.

Perverserweise nannte man M. Callas manchmal eine *Primadonna* im negativen Sinn, wenn sie ihren Wunsch für Perfektion, Professionalismus und Respekt deutlich ausdrückte. M. Callas protestierte vehement gegen den gängigen Opernbetrieb, der von ihr verlangte, ohne Probe, ohne die Partner zu kennen, einmal mit dem einen und einmal mit dem anderen Tenor oder Bariton aufzutreten. Das war auch ein wesentlicher Grund für die Unstimmigkeiten, die zwischen ihr und der Leitung der Metropolitan Opera auftraten: wesentlich schlechter bezahlt als sonst wo, waren die Auftritte an der Metropolitan für die international sehr gefragte Sängerin in der Zeit ihrer großen Triumphe nur noch eine Prestigesache, und sie empfand die künstlerischen Bedingungen des Theaters als unzureichend. Denn man kann erst anfangen, von Kunst zu reden, wenn die künstlerisch-organisatorischen Fragen so gelöst sind, daß der Sänger sich auf seine künstlerische Aufgabe konzentrieren kann. Was als *Staralüre* bezeichnet wird, gehört zu den fundamental einfachsten Vorbedingungen einer Theatervorstellung und ist für den weniger berühmten Sänger, der die Nebenrolle singt, von gleicher, wenn nicht größerer Bedeutung als für den Protagonisten. Große Sänger erweisen dem Musiktheater und ihren Kollegen einen großen Dienst, wenn sie sich prinzipiell weigern, Partien ohne Proben zu übernehmen.

La forza del destino war die erste Verdi-Oper, die M. Callas in Italien sang. Im April 1948 wurde sie für die Rolle der Leonora nach Triest eingeladen. Ein Jahr danach schrieb[11] M. Callas: *Gestern ging Serafin 'Forza del destino' noch einmal mit mir durch. Er sagt, daß sie mir göttlich liege. ... Der Maestro sagt, daß der Vertrag von Triest, wo ich 'Forza' gesungen habe, mit der Absicht gemacht worden war, mich zu blamieren. Sie wollten sagen können: Mit 'Tristan' hätte ich in Venedig Erfolg gehabt, aber bei Verdi wäre ich scheußlich. Sie wollten Serafin eine Ohrfeige geben. ...*

Stattdessen hatte sie viel Erfolg und viele lobende Kritiken[12] damit geerntet: *Maria Callas zeigte sich als eine erstklassige Schauspielerin, sehr gewissenhaft vorbereitet und mit einer sicheren Höhe.*

Im Mai 1954 sang sie die Partie ein einziges Mal in Ravenna, bevor die EMI-Aufnahme unter T. Serafin entstand.

Nicola Rossi-Lemeni, ein Partner aus der Zeit, als sie, noch unbekannt, in New York an einer mißglückten *Turandot*-Produktion teilnahm, stand später sowohl in komischen Rollen (Don Basilio in *Il barbiere* und Selim in *Il turco in Italia*) als auch in dramatischen (Oroveso in *Norma*, Philip II. in *Don Carlo*, Heinrich VIII. in *Anna Bolena*, u.a.) ebenbürtig neben ihr. Er stand M. Callas sehr nahe, wie auch Giulietta Simionato und Tito Gobbi, und ihre gemeinsamen Auftritte waren eine willkommene Herausforderung, die zu den fruchtbarsten Ergebnissen führte; im Duett zwischen Leonora und Pater Guardian begegnet man ihnen wieder einmal als Bühnenpaar und spürt, wie sie sich gegenseitig stimulieren.

Die Abigaille in *Nabucco* war eine ihrer idealsten Rollen und war auch die erste Bühnenrolle, die vollständig live aufgenommen wurde, obwohl sie sie nur dreimal im *Teatro San Carlo* in Neapel im Dezember 1949 gesungen hat. Später nahm sie die Arie *Anch'io dischiuso* für EMI auf und sang sie auch in mehreren Konzerten.

Vittorio Gui, damals schon alt und sehr berühmt, leitete *Nabucco*. M. Callas Urteil[13] über ihn war vernichtend: *Gui ist glücklich, mit mir zu arbeiten, aber ich bin es nicht mit ihm. Er spricht immer über sich selbst. - Der Regisseur weiß nicht, was 'Nabucco' ist. Szenisch muß ich meiner Inspiration vertrauen. Wo ist Serafin, der uns alles lehrte und sich um alles, auch was das Szenische betrifft, kümmerte? ...*

Mehr als zehn Werke ihres Repertoires studierte M. Callas für jeweils nur zwei bis fünf Vorstellungen. Gilda im *Rigoletto* studierte sie 1952 für zwei Aufführungen in Mexico, wo sie zwischen 1950 und 1952 jedes Jahr gemeinsam mit anderen Künstlern aus Italien gastierte.

Bei ihrer Interpretation, die sicher noch entwicklungsfähig gewesen wäre, skizzierte sie die Wandlung des unerfahrenen, liebenden Mädchens zur aufopfernden, leidenschaftlichen Frau. Sie verlieh der Arie *Caro nome* eine träumerisch-sehnsüchtige Dimension. Die Aufnahme der Oper für EMI 1955 unter T. Serafin ist umso wertvoller, als Tito Gobbi den Rigoletto singt.

In der langen Reihe von Verdi-Heldinnen, die M. Callas verkörperte, scheint die Elisabetta in *Don Carlos* geringere Bedeutung zu haben, obwohl die Produktion der M. Scala (fünf Vorstellungen im April 1954) sehr erfolgreich war. Später beschäftigte sich M. Callas mit der Eboli und sang die Arie *O, don fatale!* bei einigen Konzerten. Bei einem davon, am 16. 3. 1962 in Hamburg, wurde die Arie aufgenommen. Auch Elisabettas *Io vengo a domandar* und *Tu che le vanità* sang sie öfters bei Konzerten, die aufgenommen wurden.

Maria Callas
und Medea

M. Callas war in erster Linie Tragödin. Ihre brillanten Koloraturen waren, trotz erstaunlicher Virtuosität, fast nie spielerisch unbeschwert; im Gegenteil: sie waren auf eine noch nie dagewesene Art voll von Aussage und Expressivität. Mit zahllosen Farbnuancen spiegelten sie jede Seelenregung der Interpretin. Komische Rollen sang sie nur zwei: die Rosina in Rossinis *Il Barbiere di Seviglia*, die von vielen als ihr einziger Bühnenmißerfolg bezeichnet worden ist, und die Fiorilla in *Il Turco in Italia*, die allerdings sehr erfolgreich war. Das erste Mal hatte sie diese Rolle 1950 in Rom im *Teatro Eliseo* unter Gianandrea Gavazzeni gesungen. Regie führte Gerardo Guerrieri und nicht, wie man manchmal liest[1], Luchino Visconti; er war nur einer der Sponsoren. Für Kostüme und Bühnenbild zeichnete Mino Maccari. 1954 entstand eine erstaunlich frische, in der Ensemblearbeit perfekte Aufnahme der Oper bei EMI, bevor die Mailänder Scala sich für eine eigene Produktion (April 1955) in der Inszenierung von Franco Zeffirelli entschloß, der auch das Bühnenbild und die Kostüme schuf. Ihren Erfolg verdankte sie hauptsächlich der eigenen Intelligenz und musikalischen Flexibilität. *Man sagt*, betonte G. Gavazzeni[2], *daß Zeffirelli ihr alles beigebracht hatte, um eine komische Schauspielerin zu werden. Nein, das ist falsch. Der erste war Gerardo Guerrieri, aber ich würde sagen, daß es vor allem sie selbst war. Sie selbst und die Arbeit der Vorbereitung, die wir gemacht hatten. Sie machte viel besser 'Il Turco in Italia' als 'Il Barbiere'*. (Im Februar 1957 entstand unter Alceo Galliera eine Aufnahme des *Barbiere di Seviglia*, in der M. Callas als Rosina sehr charmant und virtuos klingt).

F. Zeffirelli sagte[3] über seine Arbeit in *Il Turco in Italia*: *Damals war M. Callas keine lustige Dame außerhalb der Bühne. Sie nahm sich stets verdammt ernst. Um eine lebendige Fiorilla zu schaffen, mußte ich ein cleveres Nebenspiel für sie erfinden*. Jeder kannte die Leidenschaft der Sängerin für Juwelen. Zeffirelli bedeckte den *Türken* Nicola Rossi-Lemeni mit Juwelen, was reichlich Gelegenheit zu lustigen, charmanten Spielchen gab. Die Sängerin, die sehr diszipliniert und eine wahre Professionalistin war, brachte es fertig, auch Komödiantisches gut zu bringen, doch ihre Stärke blieb die Tragödie.

Als sie im Mai 1953 im *Maggio Musicale Fiorentino* das erste Mal die *Medea* von Luigi Cherubini nach achttägiger Einstudierung verkörperte, waren sich alle Kritiker einig in ihrem Lob. *Eine ideale Rolle für sie ... - Maria Callas meisterte eine Herausforderung, die heute keine andere Sängerin wagen würde.*[4] - *Sie war wegen ihrer musikalischen Sicherheit, ihres Verständnisses für den Charakter sowie durch die Intensität ihres Singens eine wunderbare Interpretin*[5] *... - Eine große Sängerin und eine tragische Schauspielerin von bemerkenswerter Kraft. Sie benützte ihre finstere Stimme, im Mittelregister eisern und im hohen Register furchtbar durchdringend, aber sie hatte auch herzzerbrechende Töne für Medea die Geliebte und rührende Töne für Medea die Mutter. Kurz, sie ging weiter als die Noten, sie traf den monumentalen Charakter der Legende und gab ihn mit Hingebung und bescheidener Treue für den Komponisten wieder.*[6]

Die Treue zum Werk und zum Komponisten war ihr Hauptanliegen. Als sie 1971 einen Kurs an der Juilliard School of Music in New York leitete, erklärte sie auf eine einfache, fast rührende Art den jungen Sängern, wie sie vorging, um zu einer werkgetreuen Interpretation zu gelangen.[7] *Wenn du einmal die Partitur durchgeblättert und beschlossen hast: 'ja, ich möchte das machen', dann nimmst du sie Akt für Akt durch und siehst nach: ist der Charakter im Einklang mit der Musik? Nehmen wir Anna Bolena. Die Geschichte hat 'ihre' Anna Bolena, die anders ist als die Bolena von Donizetti. Donizetti machte eine sublime Frau daraus, ein Opfer der Verhältnisse, eine Heldin beinahe. Ich könnte mich nicht mit der Story der geschichtlichen Bolena befassen; sie würde mein Konzept ruinieren. Ich müßte mich nach der Musik, nach dem Libretto richten. Die Musik rechtfertigt es, also die Hauptsache ist nicht das Libretto, obwohl ich dem Wort enorme Aufmerksamkeit schenke. Ich versuche, die Wahrheit in der Musik zu finden. Du nimmst die Musik und lernst sie, so wie am Konservatorium; in anderen Worten, genauso wie sie geschrieben ist, nicht mehr und nicht weniger. Das ist, was ich 'Straitjacketing' nenne. Der Dirigent bestimmt die Sprünge, macht seine Vorschläge, wenn er ein verantwortungsvoller Dirigent ist (...), er macht die Kadenzen, nach dem Stil und der besonderen Natur des Komponisten; Bellini ist anders als Donizetti und Donizetti ist anders als Rossini. Wir müssen alle diese Verzierungen in den Dienst des Ausdrucks stellen. Wenn du dich um den Komponisten und nicht um deinen Erfolg kümmerst, wirst du sicher eine Verzierung, einen Triller oder Scala finden, die der jeweilige Ausdruck rechtfertigt. (...)*

Das Echo der Florentiner *Medea*, die Francesco Siciliani so erfolgreich als *vehicle* für Maria Callas ausgegraben hatte, war so groß, daß selbst die Mailänder Scala plötzlich beschloß, diese Oper statt Alessandro Scarlattis *Mitridate Eupatore* als zweite Produktion der Spielzeit 1953–54 aufzuführen.

Leonard Bernstein, der sich gerade auf einer Konzert-Tournee in Italien befand, wurde anstelle des erkrankten Victor de Sabata auf Wunsch von Maria Callas engagiert. Bernstein kannte das Werk nicht und machte mit *Medea* sein Operndebüt. Seine gute Arbeit mit dem Orchester und das zwischen ihm und M. Callas entwickelte gute Arbeitsklima führten zu einer schönen Interpretation. Die Live-Aufnahme, die davon existiert, beweist es.

Der Callas kraftvolle Persönlichkeit, ihre dunkel-timbrierte Stimme, ihre fast magische Fähigkeit, das Publikum zu *elektrisieren*, ihre griechische Physiognomie und Attraktivität wirkten ganz natürlich in der Gestalt der colchischen Prinzessin. Medea, die eine Priesterin, mehr noch, eine Zauberin ist, hatte aus Liebe zu Jason ihre heiligen Schwüre verraten, ihren Bruder getötet, ihre Familie und Heimat verlassen, um mit ihm nach Griechenland zu fliehen.

Wenn Jason sie nach kurzem Eheglück verläßt, um königliche Ehren als Gatte Creusas in Korinth zu genießen, ist sie in ihrer Rache erbarmungslos. Sie tötet ihre Rivalin und deren Vater, und dann tut sie, was Norma nicht über das Herz brachte: sie tötet ihre und Jasons Kinder.

Euripides gab seiner Heroin einen fast übermenschlichen Zug, und Luigi Cherubini schrieb die Partie so, daß sie eine fast übermenschliche sängerische und darstellerische Leistung verlangt. Das Werk, das als L. Cherubinis Meisterwerk gilt, wurde am 13. März 1797 am Feydeau-Theater in Paris uraufgeführt, verschwand aber um die Mitte des neunzehnten Jh. (von vereinzelten Aufführungen abgesehen) von der Bühne.

Henry F. Chorley[8] versuchte schon 1854 zu erforschen, warum *trotz aller Vorzüge dieses edlen Werkes dasselbe allgemeiner Gleichgültigkeit, wenn nicht vollständigen Vergessens anheimgefallen war:*

Cherubinis 'Medea' (...) ist eine Oper, welche in durchaus feiner Ausführung (was wir nämlich darunter verstehen) kaum möglich ist. Ich habe auf keinem Theater eine Schauspielerin gesehen, welche alle Erfordernisse einer tragischen Rolle, wie Medea sie voraussetzt, zugleich das Geschick und die physische Kraft besessen hätte, Cherubinis Musik aufzuführen (...) Schon bevor der gefürchtete dritte Akt begonnen, sank Frl. Neuther, die eifrige junge Dame, welcher in Frankfurt (1844) die Partie zugeteilt worden, in einen Zustand machtloser Erschöpfung, obgleich begreiflich, doch dem Schlußtheil der Tragödie höchst fatal wurde. (...) Dereinst, vielleicht in hundert Jahren, mag eine Catalani kommen mit einer damantenen, goldenen Stimme, die der Anstrengung einer so lang andauernden, unbegrenzten Aufregung widersteht. Aber nachdem wir die Stimme und den Athem einer Catalani gefunden, müssen wir nach der Größe des Ausdrucks, dem Feingefühl der Auffassung, nach der Plastik, dem erschütternden Zorn, dem entsetzlichen Rachedurst und der qualvollen Reue eines Mutterherzens, wie die Pasta es zu zeichnen verstand, suchen ...

Die Sängerin der Medea am Theatre Feydeau und an der Opera comique, Madame Scio, starb in der Blüte ihrer Triumphe an einer Lungenentzündung, welche, wie man sagte, durch die Oper verursacht oder doch wenigstens verschlimmert worden sei.

In Italien, dem Geburtsland Cherubinis, wurde *Medea* erst in unserem Jahrhundert, und zwar in einer Produktion der Mailänder Scala (1909) mit Ester Mazzoleni als Medea aufgeführt. Sowohl E. Mazzoleni als auch M. Callas blieben, anders als bei der *Norma*, ohne direkte Nachfolgerinnen in dieser schwierigen Rolle. Ihre Vorstellungen weckten das Werk kurz aus seinem langen, dunklen Schlaf auf. M. Callas sang es immerhin 30 Mal: Auf Florenz und Mailand folgte Venedig, dann Rom (1955) und Dallas (1958 und 1959).

Für die Inszenierung in Dallas wurde der griechische Schauspieler und Regisseur Alexis Minotis geholt, und Jannis Tsarouchis, der bekannte griechische Maler, schuf die Bühnenbilder und die Kostüme. Im Juni 1959 konnte man die gleiche Inszenierung in London und 1961 an der Mailänder Scala und in Epidauros erleben.

Alexis Minotis, der ein Leben lang griechische Tragödien interpretierte und inszenierte, war mit Katina Paxinou verheiratet, die als die beliebteste Tragödin Griechenlands galt. Ewig auf der Suche nach der Gestik der Klassischen Tragödie diskutierten A. Minotis und K. Paxinou privat eine bestimmte Bewegung für zukünftige Aufführungen.

A. Minotis beschrieb[9] seine Überraschung, als er bei einer Probe der *Medea* in Dallas sah, wie M. Callas gerade jene Bewegung (sie kniete und schlug mit den Händen auf die Erde, um die Götter zu beschwören) machte. Auf seine erstaunte Frage, wie sie auf die Idee gekommen sei, antwortete sie: *Ich fühlte, daß es das Richtige wäre für diesen Moment.* M. Callas hatte in ihrer Jugend kaum die klassischen Werke auf der Bühne erlebt, denn Griechenland war damals ein von den Deutschen besetztes Land und Aufführungen waren verboten. Sie hatte auch nie in ihrem Leben eine professionelle Schauspielschule besucht. Ihre Intuition verblüffte die Kenner. *Was sie als Medea machte*, sagte Alexis Minotis, *kam grundsätzlich von ihr. Ich mußte das Ensemble kontrollieren und führen, aber Maria war Medea selbst, und alles kam natürlich. Ich konnte nicht gegen die Natur angehen!*

Für sie war Theater eine lebendige Sache, und sie wagte es sogar, die Bühne – zum Beispiel die Bühne der Scala – zu benützen, um ihrem Publikum Aktuelles mitzuteilen oder mit dem Publikum direkt zu sprechen. Thomas Schippers, der Dirigent der Mailänder *Medea* (1961), beschrieb[10], wie M. Callas und er selbst während einer *Medea*-Vorstellung ausgepfiffen wurden: *Maria sang weiter und am Ende erreichte sie die Stelle, wo im Libretto*

Medea Jason mit dem Wort 'crudel' beschimpfte. Das Orchester muß diesem Wort mit zwei forte-Akkorden folgen und dann auf ein zweites 'crudel' warten, bevor es spielen darf. Nach dem ersten 'crudel' hörte Maria total zu singen auf, machte eine lange Fermate, eine gespannte Pause. Ich betrachtete sie ungläubig, als sie hinauf zum Auditorium schaute und jeden einzelnen anstarrte. ... Dann sang sie ihr zweites 'crudel' direkt zum Publikum, hinein in die Stille. Ich habe nie jemanden gesehen, der im Theater so etwas wagte, und es folgte nicht einmal ein Protestmurmeln... Ich hatte keine Ahnung, wann sie wieder beginnen würde; sie hatte die ganze Sache unter Kontrolle. Als sie mit den Worten 'ho dato tutto a te' (ich habe Dir alles gegeben) wieder zu singen begann, schüttelte sie die Faust gegen die Galerie. In zwei weiteren Fällen brach M. Callas die *Vierte Wand* und sprach in Eigenregie ihren Text zum Publikum: Bei der ersten *Anna Bolena* des Jahres 1958 an der Scala schob sie die zwei Wächter, die Anna festzunehmen kommen, beiseite und sprach die Phrase *Giudici? Ad Anna?* zum feindlich eingestellten Publikum. Bei einer *Pirata*-Aufführung im Mai 1958, nach einem Streit mit A. Ghiringhelli, benützte sie die Phrase *La, vedete il palco funesto*, um auf die Loge des Intendanten zu zeigen. (Palco bedeutet sowohl Tribüne, Schafott, Blutgerüst als auch Loge.) Nach der letzten *Pirata*-Aufführung wurde ihre sechsjährige Zusammenarbeit mit der Scala unterbrochen, bis sie 1961 mit *Medea* in *ihr* Theater, ihr künstlerisches Heim in den Jahren ihrer größten Triumphe zurückkehrte.

Die zwei dazwischenliegenden Jahre brachten eine Wende in ihrem privaten und künstlerischen Leben. Im November 1959 trennten sich M. Callas und G. B. Meneghini. M. Callas war gerade 36 Jahre alt und hatte 22 Jahre ihres Lebens im Kampf um eine Sängerkarriere verbracht (sie hatte mit 14 Jahren zu studieren begonnen). Nach der Trennung von ihrem Mann und dem Beginn ihrer Verbindung zum griechischen Reeder Aristoteles Onassis schien sie ihre künstlerischen Aktivitäten immer mehr einzuschränken. Es begann eine *mondäne* Periode und zugleich eine Zeit, in der die Frau die *Diva* beiseiteschob.

Walter Legge schrieb[11] über dieses Thema folgendes: *Ihr Bruch mit Meneghini fiel mit dem Niedergang ihrer künstlerischen Leistungen zusammen - oder verursachte diesen sogar. Ihr Leben mit Battista war auf gemeinsamen Interessen, gegenseitigem Respekt, spartanischer häuslicher Ökonomie, rigoroser Selbstdisziplin und harter Arbeit aufgebaut. Die verschwenderische Party, die Onassis nach der ersten Londoner 'Medea' für die beiden gab und der Luxus auf ihrer ersten Mittelmeerkreuzfahrt auf der 'Christina' gemeinsam mit Sir Winston und Lady Churchill eröffneten der Callas neue Horizonte - und neue Ambitionen. Sie glaubte plötzlich, daß dies die Welt sei, nach der sie im Unterbewußtsein immer verlangt hatte: Im Schoß des Krösus, umgeben von Berühmtheiten aus allen Sparten des Lebens und ohne Rivalin auf ihrem eigenen Gebiet ...*

Abgesehen von Schallplatten-Aufnahmen trat sie im Jahre 1960 nur in zwei Opern auf: in *Norma* in Epidauros (August 1960) und in *Poliuto* an der Mailänder Scala (Dezember 1960). 1961 sang sie nur mehr *Medea* in Epidauros (August 1961) und an der Scala (Dezember 1961). Am 11. 12. 1961 schrieb der *Corriere della Sera: Über die Callas zu sprechen, ist, wie auf heißen Kohlen gehen ... für uns bleibt die Tatsache, daß diese 'Medea' einzigartig in der Welt ist; wegen der lebendigen psychologischen Durchdringung der Persönlichkeit, dem innigen Glühen der Formen, auf erstaunliche Art erzeugt, wegen des bewegenden Bebens in ihrer Stimme. ...*

Die Wiederholung der Oper an der Scala (Mai und Juni 1962) war ihr letzter Auftritt in dieser Rolle, doch der *Medea*-Stoff war es, der sie zum einzigen und nicht ganz erfolgreichen kinematographischen Abenteuer ihres Lebens verleiten sollte: Im Sommer 1969 spielte sie die Hauptrolle im Film *Medea* in der Regie von Pier Paolo Pasolini; es war eine Sprechrolle. Sie hat sonst bei keiner Verfilmung einer Oper mitgewirkt, und es existiert nur ein Live-Mitschnitt des 2. Aktes einer *Tosca*-Aufführung der Franco Zeffirelli-Produktion von London (aufgenommen am 9. 2. 1964 für eine Fernsehübertragung).

EMI nahm 1957 die *Medea* auf, doch noch lebendiger und repräsentativer sind die Liveaufnahmen aus den Vorstellungen der M. Scala (1953), von Dallas (1958), London (1959) und wieder Scala (1961).

Maria Callas
und die Werke Donizettis

Relativ spät, erst 1952, beschäftigte sich Maria Callas zum ersten Mal mit einem Werk Gaetano Donizettis. Mit der Arie *Ardon gli incensi* aus *Lucia* machte sie bei einem Konzert für die RAI in Rom (18. 2. 1952) den Anfang, und im Juni des gleichen Jahres präsentierte sie sich als Lucia bei drei Aufführungen in Mexico. Jene Aufführungen dienten als Generalprobe für ihre Auftritte in Florenz (Januar 1953) und vor allem für die kommerzielle Gesamtaufnahme des Werkes durch die Schallplattenfirma EMI (Februar 1953). Jene Aufnahme legte den Grundstein dessen, was man *Callas-Revolution* nannte und trug bei zu weltweitem neuem Überdenken dieser Rolle. ... *indicando una strada ... in cui il valore del dramma, della parole scenica, venisse fuori senza per questo involgarire il canto ...*[1]

Mit jener Aufnahme begann die Sängerin ihre Zusammenarbeit mit EMI und Walter Legge als Aufnahmeleiter; er und seine Frau, die Sängerin Elisabeth Schwarzkopf, waren frühe Bewunderer M. Callas', und es ist zum Großteil W. Legge zu verdanken, daß über dreißig Operngesamtaufnahmen mit M. Callas heute existieren. Sie gaben dem Musiktheater den vielleicht entscheidendsten Impuls zur Veränderung und zu einem neuen Interpretations-Ansatz speziell der Werke der Belcantoperiode.

Lucia spielt in Schottland gegen Ende des sechzehnten Jahrhunderts: Lucia verkraftet die Heirat, zu der sie von ihrem Bruder mit List überredet wurde, nicht, und als Edgar, der Mann, den sie liebt, ihr Treuebruch vorwirft, tötet sie in einem Anfall von Wahnsinn ihren ungeliebten Gatten und irrt in der Wahnsinnsvorstellung, mit Edgar vor dem Altar zu stehen, umher. Edgar erfährt die Wahrheit, will zu ihr, aber ihr Tod wird ihm angekündigt. Mit einem Liebesruf an den Geist Lucias begeht er Selbstmord.

Auf Florenz folgten Genova, Catania und Rom, ehe sich die Mailänder Scala zu einer Neueinstudierung der Oper entschloß. Als musikalischer Leiter wurde Herbert von Karajan engagiert, der auch Regie führte.

Jene Produktion war sein erstes Auftreten als Dirigent einer italienischen Oper an der Scala. Walter Legge beschreibt in seinen Memoiren[2], wie es dazu kam: *... während der 'Lucia'-Aufnahme in Florenz rief ich Karajan an, ich würde den ersten Zug nach Mailand nehmen mit der Antwort auf Antonio*

Ghiringhellis Bitte, er möge doch eine italienische Oper an der Scala dirigieren. Ich steckte eine kleine Bandspule in die Tasche - die letzten drei Minuten des zweiten Aktes der 'Lucia'. Widerwillig hörte der Maestro sie an, bat aber die Scala telephonisch, man möge ihm die Partitur der 'Lucia' ins Hotel schicken. 'Ich werde es selbst inszenieren. Szenerie und schottische Kostüme werfen Probleme auf.' (...)

Karajan nahm 'Lucia' sehr ernst und begab sich sogar auf Exkursionen durch Walter Scotts Gegend, um die schottische Architektur, ihre Schmiedeeisen-Kunst und das Licht zu studieren. 1954 brachten Callas, Di Stefano, Panerai und Karajan ein hysterisches Scala-Publikum fast bis zur Raserei.

Maria Callas, die einen Monat vorher als Medea an der M. Scala die griechische Tragödie einzigartig ins Leben gerufen hatte, provozierte mit *Lucia* einen Vergleich mit sich selbst. Obwohl sie mit H. von Karajans Regie und finsterer Bühne nicht ganz glücklich war, verstand sie sich auf musikalischer Ebene sehr gut mit ihm. Der gemeinsame Drang zur Perfektion und der ausgeprägte Sinn für das Theater brachten eine bravouröse, exakte und doch freie Interpretation.

Mit dieser Produktion, die als ein *Ereignis* angesehen wurde, gastierte das Mailänder Theater in Berlin, an der städtischen Oper (September 1955) und an der Wiener Staatsoper (Juni 1956).

Das Publikum geriet in Exstase bei dieser neuen Lucia, die nicht einen einzigen Ton, keine Skala oder Fioritur um des Effektes Willen sang, sondern alles mit der Wärme ihres Blutes und ihrem Intellekt zu dramatischer Wirkung brachte. Zum ersten Mal konnte der Zuhörer ahnen, daß die virtuose Stelle mit der Flöte (die nicht von G. Donizettis Feder stammt) auch als Ausdruck des Wahnsinns verstanden werden kann.

Gianandrea Gavazzeni, der eine *Lucia* in Rom (Mai 1953) mit M. Callas einstudierte und leitete, versuchte das Werk so weit wie möglich von sinnlosen Verzierungen und musikalisch nicht Essentiellem zu bereinigen und schlug der Sängerin vor, auch die Kadenz mit der Flöte zu eliminieren. M. Callas überlegte es, fand aber schließlich nicht den Mut zu diesem Schritt. Gianandrea Gavazzeni trauerte der versäumten Gelegenheit nach: *fare l'operazione fin al fondo.* Er sagte bei einem Interview[3] am 7. 4. 1987 in Wien: *In Rom, als wir Lucia machten, säuberten wir viel, aber als ich ihr vorschlug, die Kadenz mit der Flöte zu eliminieren, die nicht von Donizetti ist, hatte sie nicht den Mut dazu. (...) Es wäre besser, wenn man sie nicht mehr macht, denn es ist schön so, wie es Donizetti schrieb, mit der großen Szene am Schluß. Diesen Wettbewerb zwischen Flöte und Sopran finde ich so manieristisch, wirklich nur ein Zurschaustellen von Virtuosität, aber niemand hat den Mut ihn auszumerzen. (...) Es wäre eine der Callas vorbehaltene Aufgabe, wegen ihrer Quali-*

tät. Alle wußten, daß es für sie keine Hürde darstellte. Es wäre sehr schön, weil danach hätten vielleicht auch andere das gleiche getan.

In Berlin hatte sie großen Erfolg, doch war sie sich bezeichnenderweise dessen nicht bewußt. Walter Legge beschreibt, daß sie und ihr Mann bis um drei Uhr früh auf seine Rückkehr ins gemeinsame Hotel auf ihn warteten. *Sie lasen italienische Illustrierte und warteten nur darauf, mich über die Vorstellung zu verhören. Hatte sie bewiesen, was sie konnte? War ihr Applaus lauter und länger gewesen als für irgendeinen anderen Sänger, den man jemals in Berlin gehört hatte?*

In Wien wiederholte sich die grenzenlos enthusiastische Reaktion des Publikums auf das wundervolle Gastspiel des Ensembles der Mailänder Scala, während M. Callas in einem ihrer instinktiven theatralischen Momente mit einem Kniefall vor Herbert von Karajan[4] ihm die Hand küßte. In einem Artikel mit dem Titel *Wie zur Zeit Malibrans* berichtete[5] *Il Corriere della Sera* über das Wiener Gastspiel: *Es war der Eintritt der Callas, der in der Stille voll spasmodischer Erwartung die erste Welle der Emotion hervorrief. Ihre silberne, klare Stimme entfaltet sich in den Wendungen der Arie des ersten Aktes und schon bricht der Enthusiasmus in Applaus aus. (...) Nach den Trillern, den Punktierungen und den arabesken Koloraturen der wahnsinnigen Ehefrau di Lammermoors schien das Theater unter dem Beifallssturm, der fünfzehn Minuten lang dauerte, einstürzen zu wollen.*

Mit *Lucia* gastierte M. Callas in Venedig (*La Fenice*, Februar 1954), in Bergamo (*Teatro Donizetti*, Oktober 1954), in Chicago (*Civic Opera House*, November 1954), in Neapel (*San Carlo*, März 1956), in New York (*Metropolitan*, Dezember 1956 und Februar 1958) und in Dallas (November 1959), wo sie in der *Civic Opera* zum letzten Mal in dieser Rolle aufgetreten ist.

Aufgenommen wurden die Aufführungen von Mexico (1952), M. Scala (1954), Berlin (1955), Neapel (1956) und New York (1956). 1959 entstand eine Schallplattenaufnahme der Oper bei EMI.

Gianandrea Gavazzeni war der musikalische Leiter eines weiteren Werkes G. Donizettis, das man im April 1957 für M. Callas wiederentdeckte; richtiger wäre zu sagen, daß man Maria Callas entdeckte und für das Werk einsetzte, denn diese Oper hatte in unserem Jahrhundert jahrelang vergebens auf den richtigen Sopran gewartet. Luchino Visconti, der in der Mailänder Scala-Produktion Regie führte und zusammen mit Nicola Benois für Bühnenbild und Kostüme sorgte, sagte[6] später: *Für Anna Bolena brauchst du doch mehr als Bühnenbilder und Kostüme. Du brauchst die Callas.*

Die eindrucksvollen Bühnenbilder und Kostüme, die man für die Produktion anfertigte, *setzten jedoch neue Maßstäbe für die Interpretation von*

Werken der romantischen Ära.[7] Durch optische Illusion schufen sie enorme Räume und durch exquisite Kostüme versuchten sie, M. Callas' Erscheinung zu unterstreichen. Der Rest fand sich für Maria Callas wie gewöhnlich in der Partitur; einer Partitur, die sogar von V. Bellini mit lobenden Worten erwähnt worden war.

Sie identifizierte sich mit der Gestalt der Anna Bolena so, wie sie in Felice Romanis Libretto erscheint: Anne Boleyn wird zu Anna, einer sublimen Frau, einer Heroin, einem Opfer. Ihr Ehemann König Heinrich VIII liebt ihre beste Freundin, Jean Seymour, eine Hofdame. Um Anna Verrat vorwerfen zu können, läßt der König ihren früheren Geliebten Lord Percy aus dem Exil zurückkehren. Anna will ihn nicht sehen, doch Lord Percy drängt zu einer Unterredung. Der gesuchte Vorwand für den König ist da, und zusammen mit dem Pagen Smeton, der die Unschuldigkeit seiner Herrin beteuert, werden Percy und Anna festgenommen. Ihnen wird der Prozeß gemacht, und zusammen mit Annas Bruder werden sie enthauptet.

Anna Bolena wurde (1830), wie auch später *Norma*, für Giuditta Pasta geschrieben, die auch die Weltpremiere des Werkes im *Teatro Carcano* in Mailand sang. Noch einmal begegnen wir dem *Soprano drammatico d'agilità* in einer langen Partie, die stimmlich gewisse Ähnlichkeit mit *Norma* aufweist, voll mit *mezze voci*, anstrengend virtuos, mit *note che sembrano venire da un altro mondo*.[8]

Maria Callas und die übrigen Sänger, vor allem Giulietta Simionato, die die Jane Saymour sang, wurden von der Kritik mit Superlativen bedacht, und auch alle ihre Biographen, die jene Aufführungen erlebt hatten, gaben ihnen einen exquisiten Rang in M. Callas Karriere und nannten sie Sternstunden des Musiktheaters.

Die Nachwelt kann die Intensität jener Interpretation durch die Live-Aufnahme der Premiere (14. 4. 1957) noch spüren. Stellen wie *Come innocente giovane, Lo senti sulla mia mano*, dann das mit *Dio che mi vedi* beginnende Duett zwischen Anna und Jane (parallel zum Duett Norma-Adalgisa), in dem aber vor allem der letzte Teil der Oper, als Anna im Tower eingesperrt auf die Vollstreckung des Todesurteils wartet, bieten alle Möglichkeiten für das, was man *il fascino* der M. Callas nennt.

Gianandrea Gavazzeni antwortete[9] auf die Frage, was das Faszinierende an M. Callas wäre, folgendermaßen: *Die Faszination dieser Sängerin war die große Persönlichkeit (...) durch und durch musikalisch. Denn sie hatte ein prachtvolles, musikalisches Hirn; als wir gemeinsam einstudierten – d.h. als ich sie für 'Il Turco in Italia' und auch für 'Anna Bolena' vorbereitete, war sie beim Studium von so einer Präzision und Strenge mit sich selbst, nie müde zu studieren und zu proben; sie sang immer aus.*

Dann diese dramatische Persönlichkeit, die sie als Ganzes war, in Verbin-
dung mit ihrer Stimme, die manchen nicht gefiel; manche sagten, daß es eine
häßliche Stimme war, doch es war eine persönliche Stimme, verbunden mit ei-
ner außergewöhnlichen Technik. Wenn sie die Koloraturpartien sang,
Sonnambula, Lucia, als 'coloratura d'agilità', oder Norma, da war sie außerge-
wöhnlich. Und dann hatte sie eine ganz musikalische Technik, nicht für
'Kirikiki' bestimmt. Ganz Musik! Sie war wirklich ein Wesen ganz Musik!
Dazu ihre szenisch-tragische Persönlichkeit, die große Schauspielerin. Da profi-
tierte sie von ihrer Erfahrung mit Luchino Visconti ...

Nach der Premiere der *Anna Bolena* an der M. Scala schrieb[10] der
Corriere della sera: Maria Meneghini-Callas - zum Hören wundervoll, zum
Anschauen erstaunlich - und Giulietta Simionato zum Anschauen wundervoll,
zum Hören erstaunlich. Dennoch mußte Maria Callas ein Jahr danach, bei
der Wiederaufnahme des Werkes, ein wegen der unterbrochenen *Norma*
von Rom beleidigtes Publikum neu erobern. Ungewöhnlich viele Polizisten
hielten sich im Theater auf, um eventuelle Reaktionen des Publikums unter
Kontrolle zu bringen und M. Callas erschien nicht, wie ursprünglich, am
oberen Ende der Stiege, sondern zusammen mit den Chordamen, die als
Hofdamen angezogen waren. (Luchino Visconti mußte aus Sicherheitsgrün-
den diese Regieänderung vornehmen.) Der Anfang verlief kühl, aber schon
am Ende des ersten Aktes hatte jeder die Interpretin vergessen und verfolgte
mit Spannung Anna Bolenas Schicksal. Am Ende der Vorstellung warteten
hunderte von enthusiastischen Fans auf die Sängerin.

Die Feindseligkeiten hörten trotzdem nicht ganz auf, sogar außerhalb des
Theaters nicht. Eines Nachts, nach einer *Anna Bolena*-Vorstellung, fand die
Sängerin den Eingang und die Mauer ihrer Mailänder Villa beschmutzt und
mit Beschimpfungen beschmiert. Auch diese Auswüchse sind ein Teil des
lebendigen Musiktheaters, das Maria Callas fünfundzwanzig Jahre lang verkörperte.

Mit *Poliuto* schließt sich die Reihe der Werke G. Donizettis im Repertoire von M. Callas. Diese Oper ist eindeutig weniger anspruchsvoll und von
geringerer Bedeutung als *Lucia* und *Anna Bolena*. Damit kehrte M. Callas
1960, nach dreijähriger Abwesenheit, an die M. Scala zurück. Die Paolina
stellte ihre Stimme nicht vor allzu große Schwierigkeiten, und das sollte der
Sängerin helfen, ihre Nervosität zu überwinden: Enorme Erwartungen und
die Anwesenheit eines internationalen, illustren Publikums machten die Premiere am 7. Dezember 1960 zu einem musikalischen, aber auch mondänen
Ereignis. *Das Publikum mit den besten Kleidern und dem schlechtesten Be-*
nehmen besetzte einen großen Teil der Logen, aber die passionierten
Melomanen fehlten nicht.

La Callas, tre anni dopo war der Titel der Kritik des *Corriere della Sera* nach der Premiere. M. Callas enttäuschte nicht ihr Publikum, sie erlebte sogar Triumphe mit *Poliuto*, doch blieb es bei den fünf Aufführungen der Scala.

Der Kritiker Vincenzo Buonassisi[11] beschrieb die Atmosphäre der Premiere an der M. Scala: *Als die Callas auf die Bühne kam, in der dritten Szene des ersten Aktes, spürte man, wie im dunklen Saal mit den unendlich vielen hellen Reflexen, das märchenhafte Tremolieren von Diademen und Halsketten, die Spannung mit einem Schlag anstieg (...) Ein langer Applaus unterbrach die Vorstellung. Die Callas fing ihre Arie, die Arie der Paolina, süß durchtränkt mit Donizettis Melancholie an. Dennoch, über das Künstlerische hinaus, bevor man sich noch die Frage stellte, ob sie noch die Callas der goldenen Zeit war, die silberne, bezaubernde Simme, an die wir uns erinnerten, hatte man die Hoffnung in dieser Stimme, 'sie' wiederzufinden: den Menschen.*

Die Premiere wurde aufgezeichnet, *Poliuto* hatte jedoch nicht den Einfluß anderer Belcanto-Werke.

Maria Callas
als Tosca und im Verismo

Floria Tosca war die erste große Rolle, die die achtzehnjährige Kalogero-poulou auf der Bühne der National-Oper von Athen (1942) sang, und mit einer *Tosca*-Aufführung in *Covent Garden* verabschiedete sie sich 1965, nach vierundzwanzigjähriger Karriere, von der Bühne.

Die Kritik einer Aufführung von 1943 in der griechischen Zeitung *I Vradyni*, gezeichnet von Alexandra Lalaouni, enthielt im Kern schon alles, was die Kritiker ihrer Scala-Auftritte zehn Jahre später über sie berichteten: *Alle Mängel der Aufführung wurden vergessen ab dem Augenblick, da Maria Kalogeropoulou, ein Mädchen, ein Kind fast, das noch mit der berühmten de Hidalgo studiert, die Bühne betrat. Nicht nur beherrscht sie die Rolle und singt sie richtig, es gelingt ihr auch, sie innig zu durchleben und das auf das Publikum zu übertragen und es zu berühren. Ihre Stimme ist in ihrem ganzen weiten Umfang üppig, sie weiß, wie man sie produziert und weiß auch dem Wort Aufmerksamkeit zu schenken. Ihre tiefe, angeborene Musikalität, der Instinkt und das Gefühl für das Theater, Qualitäten, die sie nicht erarbeitet haben kann, jedenfalls nicht in ihrem Alter, sind ein Zeichen, daß sie angeboren sind. Kein Wunder also, daß sie das Publikum buchstäblich elektrisiert hat.*

Das Wort *elektrisieren*, das in dieser so frühen Zeit in einer Kritik vorgekommen war, wurde später in vielen Kritiken und Veröffentlichungen in Bezug auf M. Callas verwendet. Es scheint eine unfaßbare und doch stark spürbare Wirkungsfähigkeit der Sängerin am treffendsten zu charakterisieren.

Trotz der frühen Begegnung mit der Rolle und der enthusiastischen Reaktion der Presse und des Publikums war die junge Sängerin selbst nicht begeistert von der Rolle und ihrer Leistung. Fast zehn Jahre brauchte sie, um die römische Primadonna lieb zu gewinnen und ihren eigenen Drang nach Perfektion und maximaler Glaubwürdigkeit zu befriedigen, wie die Schallplatten-Einspielung der EMI 1953 zeigt.

1950 sang sie jedoch die Partie in Mexico, im Palacio de las Bellas Artes, wo sie mit anderen italienischen Sängern vom 23. Mai bis 27. Juni gastierte. Das mexikanische Klima war sehr trocken, und sie beklagte sich ständig über schlaflose Nächte und Nervosität. Ihre Tosca mußte um zwei Tage verschoben werden, und so fand die erste Vorstellung erst am 8. Juni statt.

Ihre künstlerischen Aktivitäten in Mexico wurden auch durch die Problematik ihrer Beziehung zu ihrer Mutter ständig getrübt. An ihren Mann schreibt sie[1] aus Mexico: *Ich mache mir Sorgen um meine Mutter. Ich wollte sie mit mir haben, denn ich brauche Beruhigung und Hilfe, stattdessen bin ich alleine, voll Sorge.* (Die Mutter war in New York wegen einer Augeninfektion im Spital.) *(...) Sicher ist, daß es ihr nicht gut geht (...) Meine Mutter quält sich laufend und sorgt sich ständig um mich und meine Schwester. (...) Als gute Mutter denkt sie immer an ihre Kinder statt an sich selbst. Mit meinem Vater versteht sie sich nicht gut. Auch ihm geht es schlecht: er hat Diabetes und jetzt auch Herzprobleme. Sie will ihn verlassen. Aber ich habe gesagt: wie kannst Du ihn verlassen, jetzt, wo er alt und krank ist?*
Battista, sie will kommen, um mit mir zu leben. Gott verzeih mir, Battista, aber im Moment will ich mit Dir alleine in meinem Haus sein. Ich will um nichts mein Glück und mein Recht, ein wenig allein zu sein, aufs Spiel setzen. Wir verdienen es, oder nicht? Aber wie soll ich all das meiner Mutter erklären. Wie kann ich ihr sagen, daß ich sie lieb habe, aber daß die Liebe zu meinem Mann etwas anderes ist?

Ich werde ihr Geld geben, damit sie wegfahren und sich entspannen kann (...)

Später berichtete[2] M. Callas: *Meine Mutter schrieb einen bösen Brief. Sie sagt, ich sei Egoistin, ich denke nur an mich und lasse sie in Schwierigkeiten sterben. Ich habe es so satt, ich habe beinah beschlossen, jeden Kontakt zu ihr abzubrechen ...* Was M. Callas später auch tat. Die Mutter besuchte ihre Tochter in Mexico und genoß ihre Erfolge, der schon angekündigte Bruch zwischen den beiden erwies sich aber als unvermeidbar. Es erscheint, daß M. Callas vor der beherrschenden Nähe der schwierigen Mutter, die auch in Jackie Callas Buch erschreckend realistisch geschildert wird, Angst hatte. Nach dem Gastspiel von Mexico 1950 sah sie ihre Mutter nie mehr.

In den dutzenden Briefen aus jener Zeit in Mexico, die G. B. Meneghini veröffentlichte spiegelt sich Unruhe und Verzweiflung über private Probleme, über die Aufführungen berichtet M. Callas jedoch Positives. Über die Tosca schreibt[3] sie: *Gestern haben wir Tosca gegeben, und sie war ein großer Erfolg. Im ersten Akt war das Publikum schlecht aufgelegt und hat fast nicht applaudiert. Im zweiten Akt bekam ich eine Ovation. Sie sind bei 'vissi d'arte' wahnsinnig geworden. Fünfzehn Minuten langer Applaus. Ein größerer Erfolg als bei den anderen Opern. Gut, daß Gott mir immer hilft! (...) Liduino schrieb mir, daß Bing, dieser von der Metropolitan* (sic) *mich für die Zauberflöte von Mozart will. Er ist verrückt!*
Nach Mexico City gastierte M. Callas mit Tosca in Bologna, Pisa und 1951 in Rio de Janeiro. Das brasilianische Opernleben von damals wurde

von einem Mann namens Barreto Pinto organisiert; er besaß, wie mehrere Quellen bestätigten, die unangenehme Eigenschaft, Sänger gegeneinander aufzuhetzen, ein feindliches Klima während der Proben zu schaffen und künstlich Emotionen beim Publikum hervorzurufen. Tito Gobbi[4] schreibt in seinen Memoiren: *Direktor Barreto Pinto hatte eine unangenehme Tendenz, einen Sopran gegen den anderen auszuspielen, einen Tenor gegen den anderen und - wie ich auf meine Kosten erfuhr - einen Bariton gegen den anderen.*

In seinem Theater begann die in Wahrheit sinnlose Geschichte der Rivalität zwischen Maria Callas und Renata Tebaldi.

Die zwei berühmt gewordenen Sängerinnen gingen später verschiedene Wege und brillierten in Wirklichkeit in zwei verschiedenen Fächern: im lyrisch-dramatischen R. Tebaldi, im dramatischen Koloraturfach M. Callas. Ihr Repertoire sowie ihre Karriere (Renata Tebaldi sang hauptsächlich an der *Metropolitan*, Maria Callas mehr an der M. Scala) trafen sich später selten, aber in jenen frühen Tagen, als M. Callas noch viel aus dem dramatischen Repertoire und Renata Tebaldi noch etwas aus dem Koloraturfach sang, konnte es passieren, daß sie in gewissen Rollen alternierend auftraten oder sogar für einander einsprangen. So etwas bevorzugte auch Barreto Pinto, der für seine Opernspielzeit 1951 in Rio beide Sängerinnen für *Tosca* und *La Traviata* engagiert hatte.

Beide feierten große Erfolge, was Tullio Serafin veranlaßte zu sagen: *Sehen Sie, es sind zwei verschiedenartige Stimmen, jede bestimmter 'Effekte' fähig, die das Publikum begeistern.*

In gewissen Situationen war es tatsächlich nicht leicht, die zwei Sängerinnen objektiv zu vergleichen, wie z.B. in *La Traviata*; denn Renata Tebaldi sang Teile davon tiefer transponiert.

Nach der ersten *Tosca* der M. Callas besetzte Barreto Pinto die Rolle um, was M. Callas in Zorn versetzte. Sie verließ Brasilien, ohne die geplanten restlichen *Traviatas* zu singen, und kehrte nie wieder dorthin zurück.

Drei Monate später, am 7. 12. 1951, eröffnete M. Callas mit einer triumphalen Aufführung der *Vespri Siciliani* die neue Spielzeit der Mailänder Scala. Das war der Beginn ihrer Zusammenarbeit mit diesem Theater, an dem Renata Tebaldi schon eine Art regierende Primadonna war. Callas dominierende Persönlichkeit schien bald R. Tebaldi derart Konkurrenz zu machen, daß letztere schließlich beschloß, Mailand zu verlassen; in den folgenden Jahren sang sie hauptsächlich in Amerika.

Maria Callas entwickelte sich in der Folge zur führenden Sängerin der M. Scala, und in den folgenden sechs Jahren war ihre Meinung über Regisseure, Dirigenten, Sänger und Repertoire entscheidend. Bezeichnenderweise wählte sie wenig aus der Verismo-Literatur; *Andrea Chenier*, den man im Jänner

1955 an der Scala mit ihr gab, war Mario del Monacos Wunsch und wurde statt *Il Trovatore* aufgeführt. M. Callas erklärte sich bereit, die Maddalena zu übernehmen, obwohl die Rolle außer der Arie *La mamma morta* wenig bot. Mario del Monaco fand in *Andrea Chenier* seine kraftvollste Rolle und befriedigte die Erwartung des italienischen Publikums, M. Callas wurde dagegen ausgepfiffen. Ihr persönlicher Klang, ihre exquisite Phrasierung gefielen nicht; ihre schlanke, agile Stimme, mit der sie in wenigen Wochen eine elegante, träumerische *Sonnambula* singen sollte, fand man nicht dafür geeignet.

Gianandrea Gavazzeni, der *Fedora*, die zweite Verismo-Oper ihrer Mailänder Jahre (Mai 1956) dirigierte, war nicht dieser Meinung[5]: *Damals sagte man, daß ihre Stimme und ihre Persönlichkeit sich nicht für den vokalen Stil des Verismo eignete - Mascagni, Giordano, Puccini. Es war jedoch nicht wahr; denn auch diesem vokalen Stil verlieh sie ein außergewöhnliches Timbre, und Fedora ist eine ihrer großen Interpretationen gewesen.*

Im August 1953 entstand unter Victor de Sabata eine Aufnahme der *Tosca*, über die der Aufnahmeleiter der EMI, Walter Legge[6], an seine Mitarbeiter Dorle und Dario Soria schrieb: *'Tosca' war eine schwere Geburt. De Sabata 'reduzierte' den ganzen Aufnahmestab zu Tränen (wörtlich); man heulte entweder aus Wut, Verzweiflung oder einfach aus nervöser Erschöpfung. (...)*

Das Resultat stellt alle früheren Versuche, italienische Opern aufzunehmen, in den tiefsten Schatten - sowohl künstlerisch als auch technisch. Diese Aufnahme ist den 'Puritanern' wie der 'Lucia' derart überlegen, daß ich Euch in Eurem eigenen Interesse bitten muß, die anderen italienischen Opern so lange zurückzuhalten, bis 'Tosca' veröffentlicht ist. Wenn wir mit ihr beginnen, werden wir die übrigen allein schon durch das Renomée verkaufen, das wir mit 'Tosca' erworben haben.

Wer *e avanti a lui tremava tutta Roma* aus dieser Aufnahme gehört hat, kann und will es nicht mehr vergessen, wie auch das Duett zwischen Scarpia und Tosca. Tito Gobbi sang die Partie des Scarpia zum ersten Mal neben ihr, und es wurde der Beginn der Zusammenarbeit eines Bühnenpaares, das in dieser Oper subtilster Schattierungen fähig war und eine bis heute nicht übertroffene Perfektion der Interpretation erreichen sollte. Die zwei Sänger forderten einander künstlerisch auf eine so intensive Weise, daß die Rollen ein Eigenleben zu führen begannen. Tito Gobbi beschreibt in seinen Memoiren, daß das Eigenleben der Figur ihn so überwältigte und ihn zu so einer Spontaneität der Gefühle und der Handlung führte, daß er sich danach an fast keine konkreten Bühnenhandlungen erinnern konnte.

Zwischen jener Platteneinspielung und den legendären letzten Aufführungen der *Tosca* (im Jahre 1964 und 1965) in London liegen die Auftritte in New York, an der *Metropolitan Opera* (November 1956 und Februar, März 1957), die nicht nur wegen George Londons wunderbarem Scarpia bedeutend sind, sondern auch wegen des Dirigenten Dimitris Mitropoulos. Die griechische Sängerin und der griechische Dirigent hatten, abgesehen von einer konzertanten Aufführung mit Szenen aus Tosca für die Ed Sullivan-Show (25. November 1956), nur noch ein weiteres Mal die Gelegenheit zusammen zu arbeiten. Bei der Wiederholung der *Tosca* an der Metropolitan im Februar 1958.

1964 beendete Renata Tebaldi ihre zweijährige Singpause und kehrte mit einer *Tosca* an die *Metropolitan* zurück; im gleichen Jahr, durch Franco Zeffirelli überredet, kehrte auch Maria Callas, nach zweijähriger Konzerttätigkeit (sie hatte eine Reihe von Konzerten unter Georges Prêtre absolviert) auf die Bühne der *Covent Garden Opera* zurück; auch sie sang die Tosca.

F. Zeffirelli half der total verunsicherten, nervösen Sängerin mit seiner Regie, luxuriösen Ausstattung und eleganten Kostümen. Auch Tito Gobbi fungierte nicht nur als Scarpia, sondern auch als ermutigender Freund einer Frau, die die Last, lebend schon eine Legende zu sein, mit wachsenden stimmlichen Problemen nicht mehr bewältigte. Zusammen erreichten sie im Duett des zweiten Aktes Stufe für Stufe die allerhöchsten Höhen einer subtilen Theatralik.

Trotz ihres unvergleichlichen Triumphes blieb sie hoffnungslos nervös, schrieb Tito Gobbi.[7] *Vor jeder Vorstellung rief sie mich an, um zu sagen, daß sie nicht singen könnte, sie hätte keine Stimme, oder sie müsse im zweiten Akt alles anders machen. Halbe Stunden lang war ich am Telephon, um das arme Mädchen zu trösten. (...) 'Gut', sagte ich, 'Du singst nicht. Es genügt, wenn Du auftrittst. Du agierst nur, und ich kümmere mich um das Singen ...' Am Abend, bevor sie auf die Bühne ging, kam sie in meine Garderobe, und ich begleitete sie hinter die Kulissen; ich hielt ihre eiskalte Hand und flüsterte ermutigende Worte, während der Schweiß auf ihrem Hals in Strömen rann.*

Trotz allem war der Erfolg jener *Tosca* überwältigend: *Callas war Herrin der Sache, wie schon lange nicht,* schrieb *The Guardian,* und auch die italienische Presse[8], die mit großem Interesse dieses *Come back* verfolgte (die Mailänder Scala sowie die Pariser Oper und die Metropolitan wollten diese Produktion übernehmen), hatte nur lobende Worte: *Die Callas ist ausgezeichnet bei Stimme ... Die Wärme der ersten Szene, das Leiden, das Scarpia verursachte, und die Art und Weise, in der sich Tosca in ihrer Würde wiederfaßt, als sie vom Erpresser bedrängt wird, sind exzellente Beispiele des Musiktheaters.*

Im Dezember 1964 nahm sie *Tosca* unter Georges Prêtre für EMI auf, mit der Absicht, diese Stereo-Aufnahme als *soundtrack* für eine Verfilmung der Oper zu verwenden. Leider wurde dieses Projekt nie realisiert, weil Ricordi, der Herausgeber G. Puccinis, die Filmrechte für *Tosca* an eine deutsche Firma vergeben hatte.

1965 übernahm die Pariser Oper die *Tosca* von London (neun Vorstellungen im Februar), und auch Rudolf Bing, damaliger Intendant der *Metropolitan*, lud die Sängerin ein, nach siebenjähriger Abwesenheit wieder an seinem Theater aufzutreten. Rudolph Bing widmete ihr später ein Kapitel seiner Memoiren; seine Bewunderung drückte er aus, indem er meinte, jede Rolle, in der er Maria Callas gesehen hatte, sei für ihn gestorben, denn er konnte sie sich nicht mehr mit einer anderen Sängerin vorstellen.

Jene *Tosca*-Aufführungen an der *Met* im März 1965 waren ihre letzten Auftritte auf einer amerikanischen Bühne. Im Juli mußte sie ihre geplanten Vorstellungen in London absagen, bis auf eine Gala, der die königliche Familie beiwohnen sollte. Das wurde, ohne daß sie es wußte, ihre Abschieds-Vorstellung.

In einem Brief vom 18. 8. 1965 an Bord der Yacht *Christina* des griechischen Reeders A. Onassis schildert M. Callas ihrer Freundin Cristina Gastel-Chiarelli[9] ihre damalige Lage: *Ich war müde, erschöpft durch die Anstrengung jener Vorstellungen, für die die Zeit zu knapp war mit meinem armen, viel zu niedrigen Blutdruck, und man hat mich mit Gewalt weggebracht, um mir Erholung zu verschaffen. Man hatte noch nicht verstanden, was ich hatte, das heißt, man sagte, daß ich die Maschine (sic) zu stark und für zu lange Zeit forciert hätte. Ich halte es nicht mehr aus, so viel zu arbeiten. Ich wußte schon seit 1957, daß ich unheilbar müde war, aber ich wollte mich nicht geschlagen geben. Jetzt muß ich alles dosieren.*

Meine Liebe, das Leben ist hart, jetzt verstehst es auch Du, es ist leider ein Kontinuum, einmal zum Besseren, einmal zum Schlechteren, aber man muß sich ständig verteidigen. Ich habe mit dreizehn (Jahren) begonnen, jetzt bin ich einundvierzig! Ich beklage mich nicht. Aber es sind so viele Jahre. Die Seele verbraucht sich und damit die Energien.

Ich wünsche Dir, liebe Cristina, daß das Leben Dir viel Freude und Heiterkeit bringt. Such sie selbst, in Dir selbst, denn die anderen können sie Dir leider nicht geben. Versuche auch, nicht zu sensibel zu sein. Du schadest Dir nur selbst. Ich bin es, und darum sage ich Dir, Du sollst Dich, wenn möglich, gut rüsten ...

Eine berühmte Kollegin, Giuliette Simionato, die zu M. Callas ein freundschaftliches Verhältnis hatte, bestätigte[10] diesen Zug der Selbst-verteidigung in M. Callas Charakter: *Ich trauere vor allem nach, daß wir da-*

mals nicht verstanden hatten, wie gerne wir uns mochten und daß wir nicht mehr zusammen waren - überflüssig über sie als Künstlerin zu sprechen und andere allbekannte Dinge zu erwähnen.

Ich habe Maria als eine unsichere, schüchterne Frau gekannt (es wird seltsam klingen, aber ich kannte sie so), sehr bewundert, aber wenig geliebt, und das wegen ihres Charakters, der ihr Selbstschutz war.

Sie konnte auch demütig sein - etwas, was man mir schwer glauben wird, aber ich kann es sagen, weil ich es erlebte und aufgrund meiner persönlichen Bekanntschaft mit ihr. Mich bat sie mehrmals um Rat verschiedener Art - ich konnte sie necken und tadeln, aber immer sanft, weil sie es so brauchte.

Über Maria könnte man sicher ewig sprechen, ohne daß der Stoff ausginge. Nie kam sie zu spät zu einer Probe, und sie wurde wütend, wenn andere Kollegen sich nicht auch so verhielten - eine echte Professionalistin.

Das letzte Mal als ich sie sah, war in Rom, in der Zeit des Films mit Pasolini. Es hatte gerade Onassis Hochzeit mit Jacquelin stattgefunden, und sie war zu Boden zerstört durch die Demütigung, die ihr zugefügt worden war, aber niemand hat sie, glaube ich, weinen gesehen ... immer den Kopf hoch, stolz, eine Löwin; aber die Wunde war zu tief, und sie zerbrach ...

Zwischen der *Tosca* von London (5. Juli 1965) und ihrem letzten Versuch, einige Arien unter N. Rescigno in Paris aufzunehmen (Februar - März 1969), gab es keine musikalischen Aktivitäten M. Callas. Im Juni und Juli 1969 nahm sie an den Dreharbeiten des Films *Medea* von P. Pasolini teil, und 1971 machte sie in Philadelphia einen ersten Versuch, einen Gesangskurs zu leiten. 1971 und 1972 wiederholte sie die Kurse in New York an der *Juilliard School of Music*.

1973 versuchte sie, zusammen mit G. Di Stefano mit einer Konzerttournee rund um die Welt aufs Podium zurückzukehren, aber der Erfolg war nicht ermutigend. Am 24. Oktober 1975, zwei Jahre vor ihrem Tod, sang sie ihr letztes Konzert in Seoul.

Die Werke G. Puccinis und des Verismo bildeten überhaupt nur einen kleinen Teil ihres Repertoires: Neben *Tosca* und *Suor Angelica* (die sie nur bei einer Schüleraufführung in Athen sang) sang sie aus G. Puccinis Werken nur *Turandot* und *Madame Butterfly*.

Turandot hatte sie in Amerika für die mißglückte *United States Opera Company* einstudiert und sang sie während ihrer ersten Jahre in Italien öfter als jede andere Partie. 1948 sang sie *Turandot* in Venedig, Udine, Rom (*Terme di Caracalla*), Verona (*Arena*) und Genova; 1949 sang sie in Neapel und zum letzten Mal in Buenos Aires.

Die Kritiken aus dieser Zeit sind der Beweis dafür, daß der *Callas-Mythos*, der in Wahrheit lang nachdem die Sängerin ihren stimmlichen Zenith überschritten hatte, die breite Masse erreichte, nicht das Resultat von kommerziellem Management oder Skandalen war, sondern daß er auf rein sängerischen Erfolgen basierte.

So liest man[11] im Jahr 1948: *M. Callas war wegen ihrer klingenden, markanten Stimme eine bewunderungswerte Turandot. Eine Künstlerin von exquisiter Sensibilität, außergewöhnlicher szenischer Intelligenz und Ausdrucksstärke, was uns manche Unebenheiten des Timbres vergessen läßt. Sie meisterte die äußerst schwierige Komposition mit Energie und Sicherheit, vor allem sang sie mal mit plastischer Klarheit, mal mit tiefer Süße, wie es der Charakter verlangt.*

Oder[12]: *mit ihrer unvergleichlichen Stimme, rein, warm, kraftvoll in allen Lagen. Die Callas war eine einmalige Turandot. Sie schmiedete die schwierige, orientalische Persönlichkeit in bewundernswerter Weise, durch psychologische Stärke, durch einzigartige Ausdruckskraft und besonders im zweiten Akt durch bezaubernd plastische, dramatische Schönheit (...) Seit langer Zeit hatten wir keine so begabte und eindrucksvolle Sängerin gehört.*

Durch die Kraft[13] und die Süße der 'mezze voci' und der hohen Töne hat sich Maria Callas als Turandot von großer Klasse bestätigt.

Große Neugier gab es[14] für die Protagonistin, die Sopranistin Maria Callas, deren Kommen ein schmeichelhafter Ruf voranging. Callas stimmliche Mittel sind zweifellos bemerkenswert und die Leichtigkeit, mit der sie die extremen Lagen meistert, ist von einer ganz eindrucksvollen Expressivität. ...

Trotz der riesigen Erfolge erkannte die Sängerin bald, daß die extrem schwierige Rolle ihre Stimme gefährdete und sang sie nach 1949 nicht mehr auf der Bühne. 1957 nahm sie die ganze Oper für EMI auf und bei ihrer ersten Aufnahme einer Schallplatte mit Arien für EMI sang sie Turandots *In questa Reggia*, Liùs *Signore ascolta* und *Tu che di gel sei cinta*. (Auch andere Arien dieser Platte stammen aus Werken G. Puccinis: *In quelle trine morbide* und *Sola, perduta, abbandonata* aus *Manon Lescaut, Si, mi chiamano Mimi* und *Donde lieta uscì* aus *La Bohème, Un bel dì* und *Tu? Tu? piccolo iddio* aus *Madama Butterfly, Senza mamma* aus *Suor Angelica* und *O mio babbino caro* aus *Gianni Schicchi*.)

Die Liù sang sie nie auf der Bühne, und auch Manon und Mimi sang sie nur für Schallplattenaufnahmen. Im August und September 1956 nahm sie *La Bohème* unter Antonino Votto für EMI auf. Im Juli 1957 folgte *Manon Lescaut* für die gleiche Firma unter Tullio Serafin.

Die kleine Arie der Lauretta aus Gianni Schicchi stand während ihrer letzten Konzerttournee (1973-74) öfters auf ihrem Programm.

Maria Callas bemerkte manchmal, daß sie die Musik G. Puccinis nicht besonders schätze: *Armer Kerl, Du mußt diese drei Opernstücke dirigieren,* sagte sie einmal G. Gavazzeni[15] vor einer Aufführung des *Triptychon* von G. Puccini und fuhr fort, ihn zu bemitleiden, auch als er sagte: *Aber Maria, mir gefallen sie sehr gut!*

Erstaunlicherweise empfand sie auch Mozarts Musik als langweilig und weniger interessant für ihr dramatisches Temperament. Konstanze in der *Entführung aus dem Serail* war die einzige Mozart-Rolle, die sie je auf der Bühne gesungen hat, allerdings sehr brillant, in italienischer Sprache. Sie lehnte auch H. v. Karajans Vorschlag, die Donna Anna zu singen, ab. Bei Konzerten und Aufnahmen sang sie *Or sai chi l'onore, Non mi dir* und *Mi tradì* aus Don Giovanni und *Porgi amor* aus *Le Nozze di Figaro*.

Als Cio-Cio-San in *Madame Butterfly* begegnet man M. Callas vorerst bei einer Aufnahme der Oper unter H. von Karajan (EMI 1955). Die introvertierte Welt der kleinen japanischen Frau, die ihr Drama bis zum Schluß allein, in totaler Intimität erlebt, war eine ganz andere als die, in der sich Norma oder sogar Lucia bewegte. M. Callas schuf eine verinnerlichte Atmosphäre, in der die Leidenschaft der kleinen Cio-Cio-San noch an Kraft gewann.

Die äußerliche Erscheinung der Sängerin war für die Rolle nicht ideal, wie auch für Renata Tebaldi, und ihren Auftritten an der Civic Opera in Chicago (drei Vorstellungen im November 1955) ging ein genaues Studium der japanischen Gestik und Bewegungsart voraus. Die japanische Sängerin Hizi Koyke half ihr dabei.

Bei der letzten jener Butterfly-Vorstellungen erschien hinter der Bühne, begleitet durch Polizisten, der US-Marshall Stanley Pringle, um Maria Callas eine Ladung, wie gesetzlich vorgeschrieben, persönlich zu übergeben, wegen einer Anklage E. Bagarozys. Der Manager und Anwalt E. Bagarozy berief sich auf den Vertrag, den M. Callas am 13. Juni 1947 vor ihrer Reise nach Italien unterschrieben hatte, und verlangte zehn Prozent ihrer Einnahmen zwischen 1947 und 1955. Die Eheleute Meneghini wußten darüber, wollten aber nicht während der künstlerischen Verpflichtung in einen Prozeß verwickelt werden.

Laurence Kelly, der Direktor des Theaters und großer Bewunderer M. Callas, machte die Co-Direktorin Carol Fox für jene ungewöhnliche Aktion verantwortlich. Denn obwohl das Theater sich vertraglich verpflichtet hatte, die Sängerin innerhalb des Theaters vor der Justiz abzuschirmen, erlaubte die Co-Direktorin den Justizbeamten und vor allem den Journalisten den Eintritt hinter die Bühne, während M. Callas noch die Ovationen entgegennahm. Photos von der aufgebrachten Sängerin mit den Justizbeamten erschienen in der Weltpresse und schadeten ihrem Image.

Während N. Rossi-Lemeni, der 1947 einen ähnlichen Exklusivvertrag mit E. Bagarozy unterschrieben hatte, aus diesem relativ friedlich aussteigen konnte, mußte M. Callas einen Prozeß führen, im Laufe dessen Briefe der jungen Sängerin in die Hände der Justiz gelangten. Aus ihnen ging hervor, daß sie in der Zeit vor dem Abschluß des Vertrags in E. Bagarozy verliebt war. Unter der Drohung einer Veröffentlichung ihrer Briefe akzeptierte sie 1956 schließlich einen Kompromiß.

In seinem Buch veröffentlichte G. B. Meneghini[16] Teile der Briefe M. Callas an E. Bagarozy, die einen Einblick in die Situation am Anfang ihrer Karriere und ihre Gedanken und Gefühle spiegeln: ... *Ich freue mich zu hören, daß Du aus den Schwierigkeiten, in denen Du warst, herauskommst, Eddie, und ich wünsche Dir aus ganzem Herzen das Beste, wie ich es immer tat und tun werde, mehr als Du je verstanden hast.*

In der Folge spricht sie über G. B. Meneghini: *Gott sei Dank, er hat mir diese engelhafte Person gegeben. Zum ersten Mal in meinem Leben brauche ich niemanden. Was eine eventuelle Heirat mit ihm betrifft, versichere ich Dir, daß ich sehr viel darüber nachdenken werde. Die Wahrheit ist jedoch, daß jemand sehr selten eine verwandte Seele findet. Du, der Du mich und meinen Charakter gut kennst, mußt wissen, daß ich glücklich bin mit ihm, daß er alles ist, was ich mir wünsche. Er ist ein bißchen älter als ich, um die Wahrheit zu sagen, ein schönes bißchen; er ist zweiundfünfzig, aber er ist gut beisammen, von jedem Standpunkt aus betrachtet. Und ich auch. Wir sind die gleiche Person. Er versteht mich vollkommen, und ich verstehe ihn. Letztenendes ist das, was im Leben am meisten zählt: Glück und Liebe. Eine tief empfundene Liebe ist mehr wert als eine lausige Karriere, die dir nichts mehr als einen Namen übrig läßt.*

Zum ersten Mal habe ich meinen *Typ gefunden. Soll ich ihn verlassen und mein Leben lang unglücklich sein? Es ist nicht Liebe, es ist etwas mehr als das. Bitte schreib mir und sag mir, was ich tun soll. Du bist intelligent und selbstlos; antworte mir. (...) Ich möchte, daß Du mir sofort schreibst, klar und mit Humor, nicht als mein Manager, sondern als Eddie mein Freund. Mein Schatz, ich bin so müde nach diesem langen Brief. (...) Glaube mir, ich werde nicht müde, Euch beide zu lieben* (gemeint ist seine Frau Louise Caselotti). *Küsse Deine Familie und unsere Freunde für mich und scheiße auf alle unsere Feinde für uns beide (...)*

In einem Brief an E. Bagarozy steht etwas, das die Situation vor dem Unterschreiben jenes Vertrags durchleuchtet: *(...) Maria ändert sich nicht, so wie es die anderen tun. Obwohl Du mich in den letzten Monaten vor meiner Abreise sehr grob behandelt hattest, sagte ich nichts, und ich bin Dir weiter treu. (...)*

Es ist schade, daß M. Callas nie in R. Leoncavallos *I Pagliacci* aufgetreten ist, denn ihre Aufnahme der Oper für die EMI (1954) zeigte, daß die Sängerin eine enorm ausdrucksstarke vollblütige Nedda sein konnte. Es wäre denkbar, daß M. Callas die Nedda darum nie auf der Bühne sang, weil sie den Erfolg des Abends nicht mit der Sängerin teilen wollte, die, wie üblich, am gleichen Abend die Santuzza in *Cavalleria Rusticana* gesungen hätte.

Cavalleria Rusticana sang sie auch nach ihren Athener Jahren nur noch auf Schallplatten.

Abbildung 1: *Die Familie in Amerika* (von links nach rechts): *Evangelia Dimitriadou-Kalogeropoulou, die Mutter; Maria und Yakinthy, die Kinder; Georgios Kalogeropoulos, der Vater* (Privatarchiv der Autorin).

Folgende Seite:

Abbildung 2: *Maria Callas erster professioneller Auftritt. Als Beatrice in der Operette »Bocaccio« von Franz von Suppé. Königliches Theater Athen 1941* (Theatermuseum Athen, mit freundlicher Genehmigung).

Abbildung 3: *Als Beatrice in »Boccaccio«, Athen 1941* (Theatermuseum Athen, mit freundlicher Genehmigung).

TAFEL I

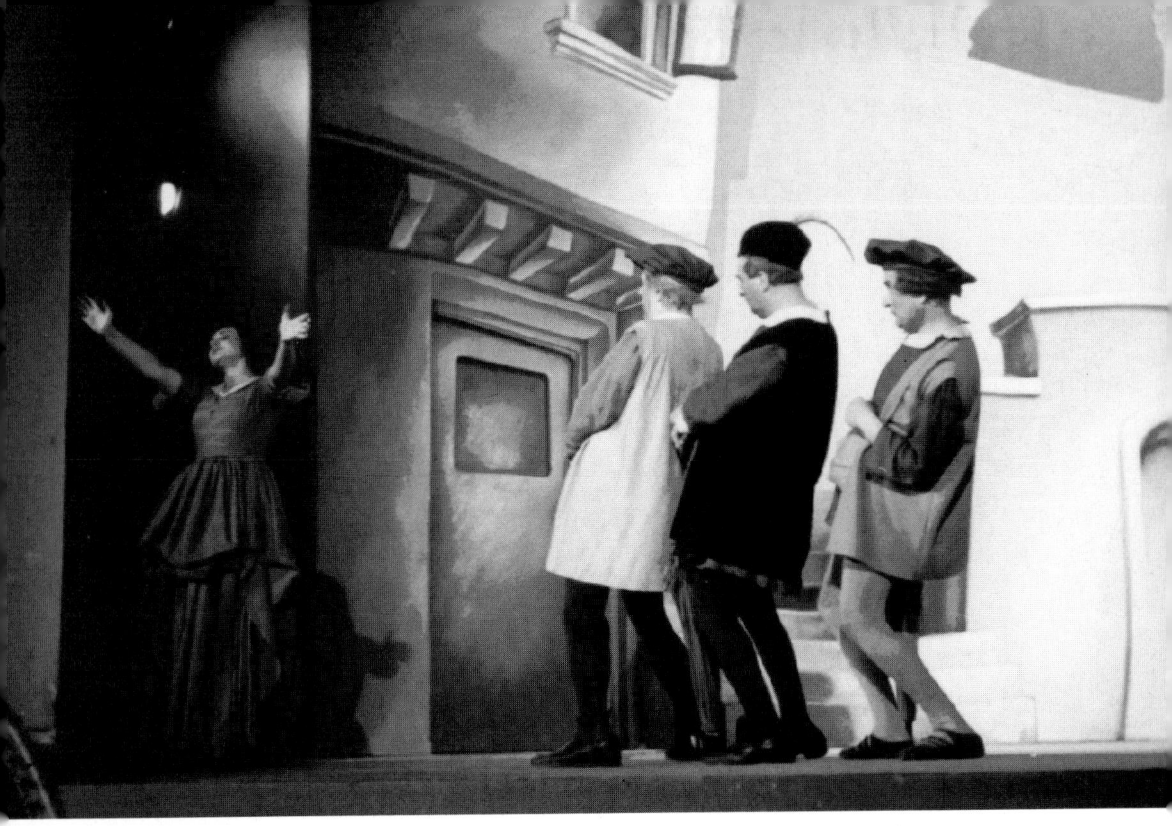

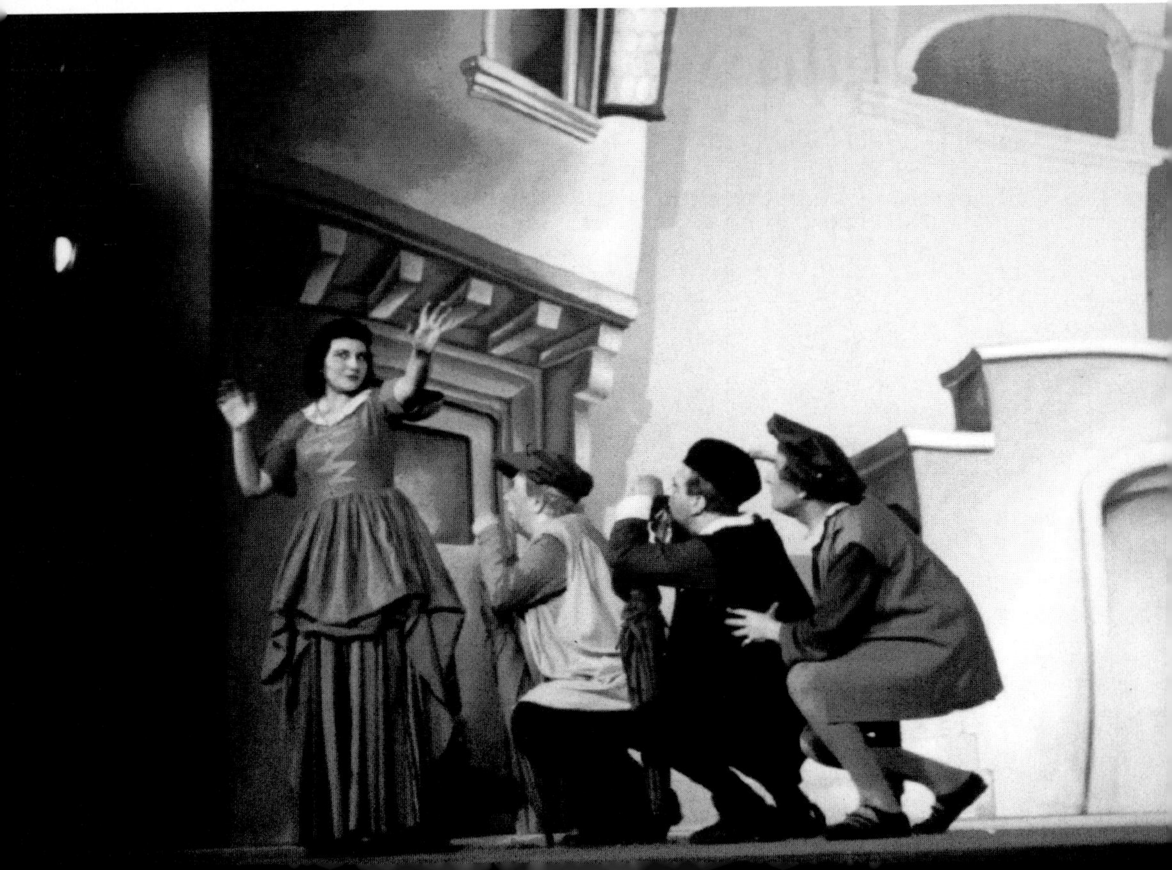

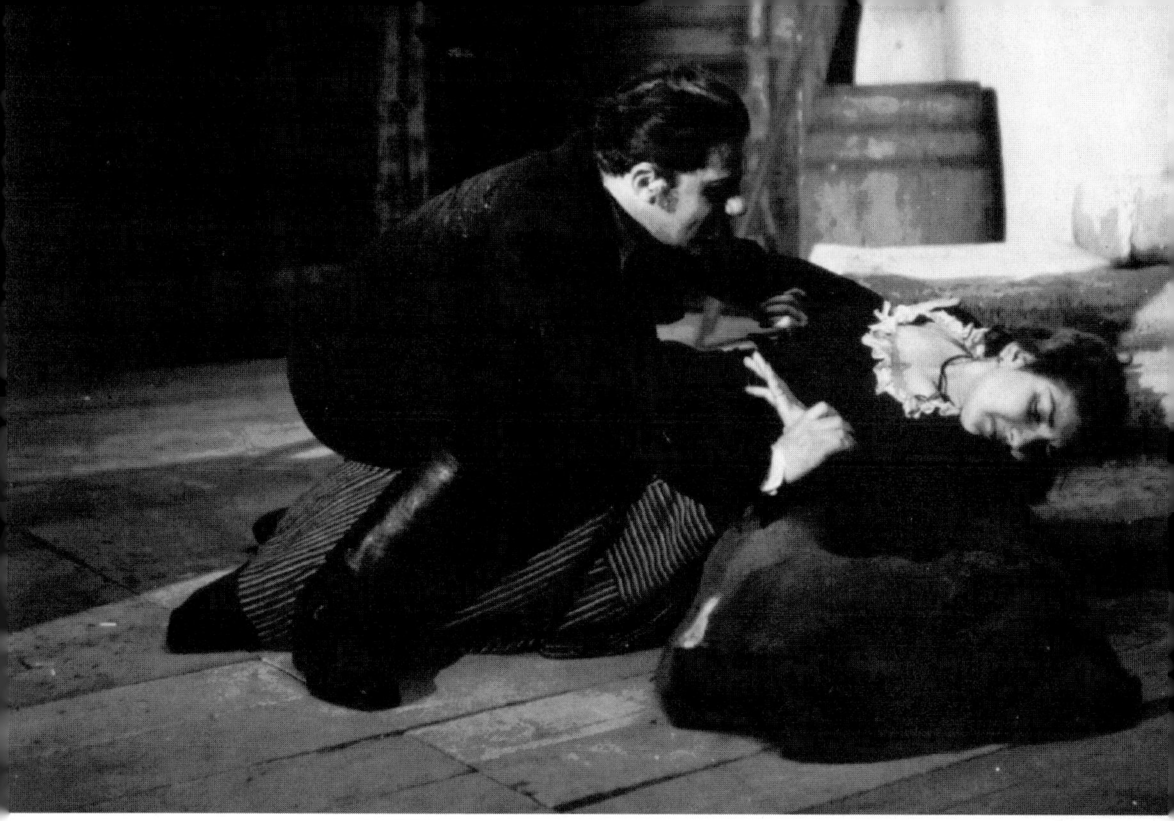

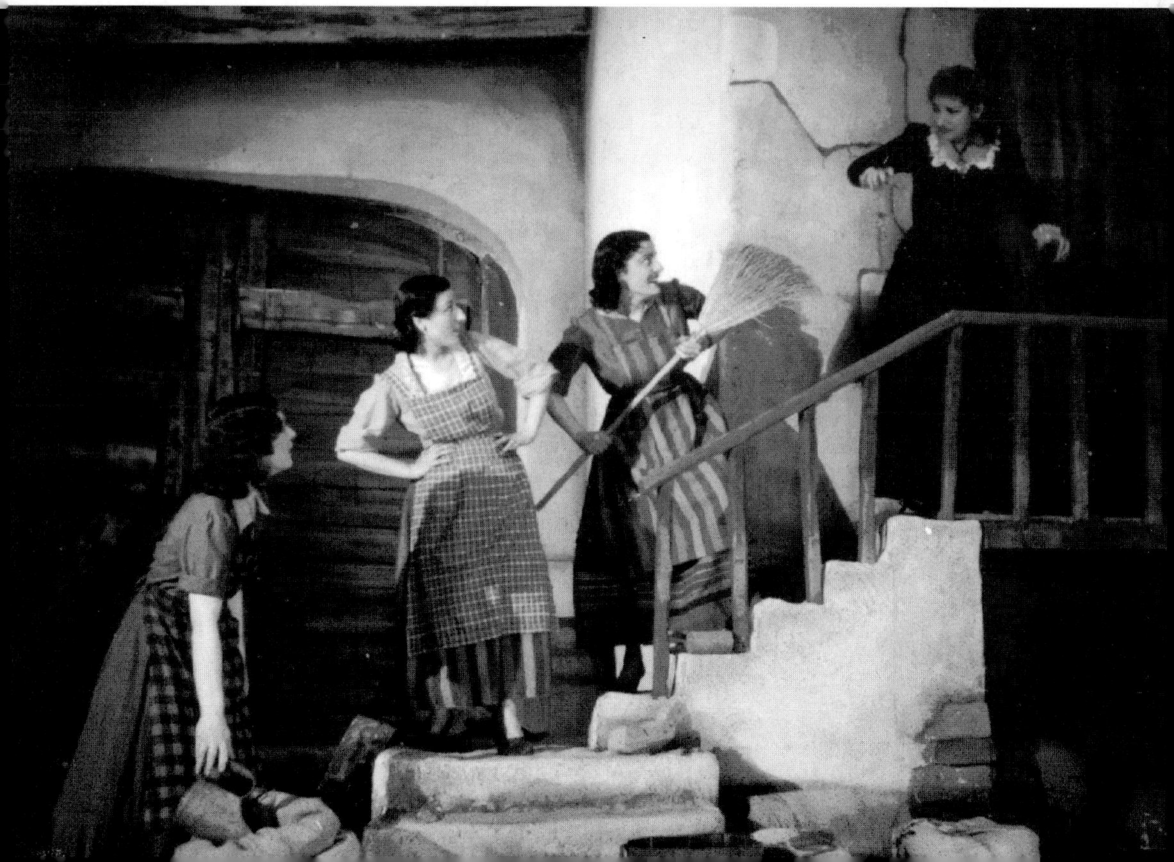

Abbildung 6 (oben): *Maria Callas* (in der Hocke), *hinter ihr ihre Mutter, Sänger-kollegen und der Dirigent A. Parides* (ganz rechts), (Archiv Takis Kalegeropoulos, mit freundlicher Genehmigung).

Abbildung 7 (rechts): *Ihre erste Norma, Florenz 1948; mit Tullio Serafin* (Mitte) *und Mirto Picchi* (Privatarchiv der Autorin).

Vorstehende Seite:

Abbildung 4 (oben): *Maria Callas als Martha in »Tiefland« von Eugène d'Albert, mit Evangelos Mangliveras. National Oper Athen 1944* (Theatermuseum Athen, mit freundlicher Genehmigung).

Abbildung 5 (unten): *Als Martha in »Tielfand«, Athen 1944* (Theatermuseum Athen, mit freundlicher Genehmigung).

TAFEL IV

Abbildung 8 (oben): *Maria Callas mit Tullio Serafin, ihrem musikalischen Mentor* (Archiv der Autorin).

Abbildung 9 (rechts): *Maria Callas mit Giovanni Battista Meneghini, ihrem Ehemann und Manager* (Archiv der Autorin).

Tafel VI

TAFEL VII

Abbildung 10 (oben): *Maria Callas mit Elvira de Hidalgo, ihrer Lehrerin, mit der* ⋅
sie ihr Leben lang Kontakt hielt (Archiv der Autorin).

Abbildung 11 (rechts): *Maria Callas als Violetta in »La Traviata« von Guiseppe Verdi mit G. Di Stefano; Mailänder Scala. Photo mit Widmung von der Hand der Künstlerin* (Archiv Sofia Kalegeropoulou, mit freundlicher Genehmigung).

TAFEL VIII

Abbildung 12 (oben): *Maria Callas als Elena in »I Vespri Siciliani« von Giuseppe Verdi; Mailänder Scala* (Archiv der Scala, mit freundlicher Genehmigung).

Abbildung 13 (rechts, oben): *Maria Callas mit Ettore Bastianini in »La Traviata«, in der Mailänder Scala* (Archiv der Scala, mit freundlicher Genehmigung).

Abbildung 14 (rechts, unten): *Maria Callas als Violetta Valery bei den Proben mit L. Visconti an der Mailänder Scala* (Archiv der Scala, mit freundlicher Genehmigung).

Tafel X

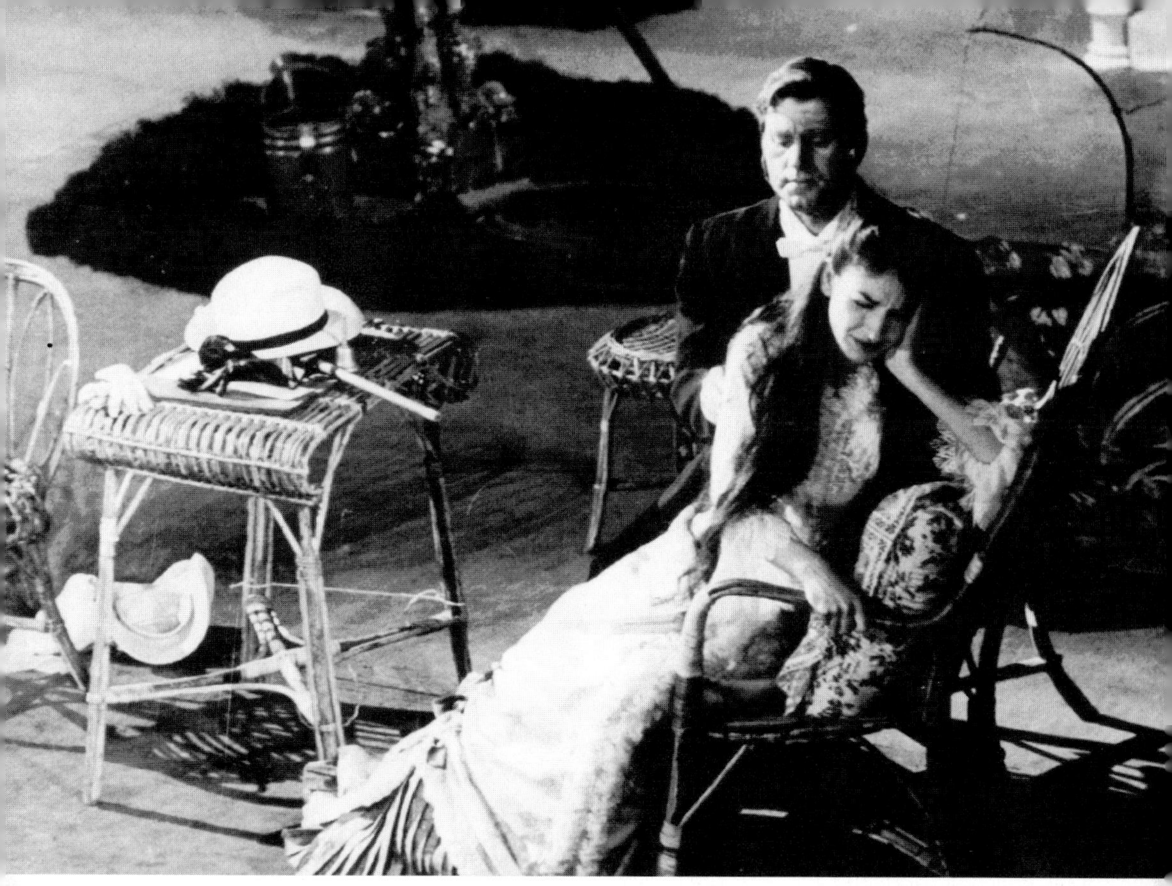

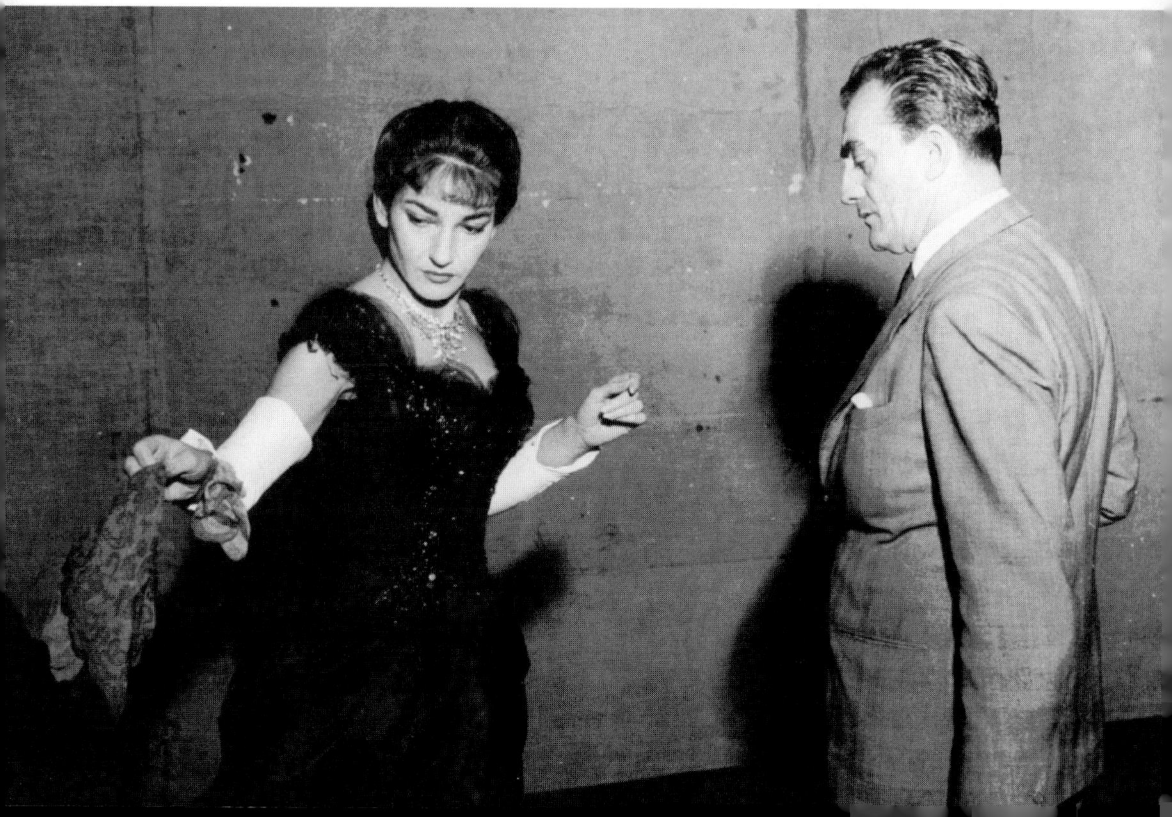

Abbildung 15 (oben): *Maria Callas, Tenor Cesare Valletti, Luchino Visconti und Leonard Bernstein* (von links nach rechts), (Archiv der Scala, mit freundlicher Genehmigung).

Abbildung 16 (rechts): *Maria Callas mit Giulietta Simionato nach einer Vorstellung der »Anna Bolena« von Gaetano Donizetti an der Mailänder Scala* (Archiv der Scala, mit freundlicher Genehmigung).

Tafel XII

Abbildung 19: *Maria Callas mit Herbert von Karajan nach einer Vorstellung der »Lucia« von Gaetano Donizetti in der Mailänder Scala* (Archiv der Scala, mit freundlicher Genehmigung).

Vorstehende Seiten:
Abbildung 17 (links): *Maria Callas in »Iphigenie auf Tauris« von Christoph Willibald Gluck. Eine perfekte Bühnenerscheinung – eine »Theaterschönheit«* (Archiv der Scala, mit freundlicher Genhmigung).

Abbildung 18 (rechts): *Maria Callas als Norma in der gleichnamigen Oper von Vincenzo Bellini im antiken Theater von Epidauros, 1960* (Archiv S. und T. Kalogeropoulos, mit freundlicher Genehmigung).

ANDERE WERKE IN MARIA CALLAS' REPERTOIRE

Vier selten gespielte Werke, die durch M. Callas zu einigen Aufführungen gelangten, sind *Armida* von G. Rossini, *Alceste* und *Iphigenie en Tauride* von Ch. W. Gluck sowie *La Vestale* von Gaspare Spontini.

Die Opera seria *Armida* (den gleiche Stoff hatten 1686 Jean Baptiste Lully und 1777 Ch. W. Gluck vertont) ist eine Opernrarität, ein Werk, das man äußerst schwer besetzen kann, denn neben der extrem virtuosen Sopranpartie enthält es auch fünf Tenorpartien.

Der *Maggio Musicale Fiorentino* wählte 1962 dieses Werk anläßlich der Feier des 160. Geburtstags G. Rossinis, und M. Callas studierte in kürzester Zeit den Part der Armida ein. T. Serafin dirigierte, und Alberto Savinio führte Regie.

Maria Meneghini Callas, schrieb *La Nazionale*[1] nach der Premiere, *sang ihren Part auf eine so überzeugende Art, wie es nur eine vollkommene Schauspielerin tun kann: prächtig, leidenschaftlich, verzweifelt.*

Die Partitur beanspruchte dauernd ihre hohe und höchste Lage (das hohe *f*, das in *Armida* vorkommt, war der höchste Ton, den M. Callas je öffentlich gesungen hatte) und verlangte ihr ganzes technisches Können.

Stimmlich[2] *dominierte sie von Anfang bis Ende der Oper: beim langsam ausströmenden Gesang, in den strahlenden, virtuosen Cabaletten, bei den erregtesten und dramatischsten Stellen, (...) sie schuf ein stimmliches Drama, weiblich und bewegend.*

Die drei Aufführungen konnten trotz ihrer Brillanz nicht verhindern, daß die Oper bald wieder in Vergessenheit geriet. Ein ähnliches Schicksal hatte auch Glucks *Alceste*, die im April 1954 durch die Mailänder Scala aufgeführt worden war.

Eine andere Rarität, die durch den *Maggio Musicale Fiorentino* mit M. Callas aufgeführt worden war, ist J. Haydns *Orfeo*, eine Opera seria mit Seccorezitativen, nicht besonders bühnenwirksam, aber ein musikalisches Juwel. Erich Kleiber war der Dirigent jener Produktion, die im *Teatro della Pergola* im Juni 1951 stattfand. Im Mai und Juni des gleichen Jahres hatte er am *Teatro comunale* von Florenz G. Verdis *I Vespri Siciliani* mit M. Callas dirigiert, und die musikalische Übereinstimmung zwischen den beiden Künstlern setzte sich bei *Orfeo* fort. Am 10. Juni 1951, einen Tag nach der Premiere schrieb *La Nazionale*: *Maria Callas ließ die Wärme ihrer Stimme mit einem Schwung ausströmen, der durch die Reinheit des Ausdrucks auf kluge Weise beherrscht wurde.*

Beeinflußt durch den italienischen *bel canto* war die französische Oper in einem nicht mehr entwicklungsfähigen, selbstzweckhaften Schöngesang entartet, bevor Ch. W. Gluck mit seiner Reform begann. Dies bedeutete die Besinnung auf das dramatische Element und die Rückkehr zu den Ursprüngen der Oper, als die Musik im Dienste des Ausdrucks und des Bühnengeschehens stand. Was M. Callas für die heutige Oper getan hat, ist vom Geist der Reform Glucks nicht weit entfernt.

Karl Schumann schrieb über sie: *Die Stimme, so virtuos sie auch gemeistert wird, bedeutet für M. Callas nicht den Endzweck ihrer Kunst, wie etwa für die Belcantisten italienischer Prägung. Obenan steht für die Callas der Ausdruck, die Spiegelung des Dramatischen im Gesang, das große Espressivo der Leidenschaften. ...*

Auch *Alceste* füllte sie mit der Kraft ihrer leidenschaftlichen Natur. Die Arie *Divinités du Styx*, mit der sie die Götter der Unterwelt beschwört, enthält einige der bewegendsten und kraftvollsten Momente ihrer Kunst. Die Aufführung vom 4. April 1954 an der M. Scala in italienischer Sprache wurde aufgezeichnet. Die Arie *Divinités du Styx* wurde 1961 für EMI aufgenommen, diesmal in französischer Sprache gesungen.

Iphigenie in Tauride, die zweite Gluck-Oper in M. Callas' Repertoire, auch in italienischer Sprache gesungen, produzierte die Scala im Juni 1957 in der Regie von L. Visconti. Der Regisseur wählte die Zeit der Bibiena als Wegweiser für seine Bühnenkonzeption. Bühnenbild und Kostüme erinnerten gar nicht an ein griechisches Werk. Damit wollte er die Musik unterstützen, doch es gab Anstoß zu Kritik. Auch M. Callas fand in Iphigenie keine ideale Rolle. Die wunderschönen Kostüme, die sie trug, betonten ihre Attraktivität; manche meinten aber, L. Visconti hätte sie zu sehr von den restlichen Figuren des Dramas isoliert[3]: *Er schuf einen Leerraum, und mit dem Leerraum kam die Unausgeglichenheit. Noch dazu, aufgeführt ohne Stilgenauigkeit und ohne Überzeugungskraft.*

Ihre dominierende Persönlichkeit schien die anderen Sänger zu sehr in den Hintergrund gestellt zu haben: *Sie sangen und litten unter dem immensen Stern der dominierenden Callas tadellosen Iphigenie.*

Die Aufführung vom 1. Juni 1957 wurde aufgezeichnet, gesondert die Arie *Oh mahlheureuse Iphigenie* in französischer Sprache (EMI 1963).

Luchino Visconti, dessen Name so oft im Zusammenhang mit Maria Callas zitiert wird, begann seine künstlerische Zusammenarbeit mit der Sängerin 1954. Es war die Produktion der Oper *La Vestale* von Gaspare Spontini an der Scala. Von adeliger Herkunft, hatte er eine gute musikalische Erziehung genossen (er spielte Cello) und eine besondere Beziehung zur Oper entwickelt. Seine Familie gehörte jahrelang zum engen Kreis der Sponsoren und Organisatoren der Mailänder Scala.

Nachdem er 1949 Maria Callas als Kundry in *Parsifal* gehört hatte, verfolgte er als Bewunderer jeden ihrer Auftritte und wünschte, sie kennenzulernen und mit ihr zu arbeiten.

Spontinis Oper *La Vestale* eröffnete die Winter-Spielzeit 1954 - 55 der Mailänder Scala; musikalischer Leiter war Antonino Votto, das Bühnenbild schuf Piero Zuffi. Die Aufführungen wurden vom Publikum und der Kritik gut aufgenommen, aber die Oper, die eine gewisse Ähnlichkeit mit *Norma* aufweist, erreichte nicht die Popularität des Werkes Bellinis.

Unter den Vokalsolisten[4] *brillierte M. Meneghini Callas, eine Künstlerin, die es, ohne die Medea des Vorjahres vergessen zu lassen, verstand, die Figur der Protagonistin (...) zum Leben zu erwecken.*

Arturo Toscanini ehrte mit seiner Anwesenheit die Eröffnungsvorstellung, und ein frenetischer Applaus folgte, als M. Callas einen Blumenstrauß, der ihr zugeworfen wurde, an den großen Dirigenten weitergab.

Es existieren ein live-Mitschnitt von der Premiere sowie Studioaufnahmen der Arien *Caro oggetto*, *O nume tutelar*, *Tu che invoco* (EMI 1955). Die Arie *Tu che invoco* wurde auch live aufgenommen (RAI 1956, Amsterdam 1959 und Hamburg 1959).

Mit der Oper *Mefistofele* von Arrigo Boito, die M. Callas im Juli 1954 in der Arena von Verona gesungen hat, schließt sich die Reihe der Werke, die sie auf der Bühne interpretierte. Eine Rolle, die sie zwar vollständig einstudierte, aber nie auf der Bühne sang, war die Carmen: 1964 entstand jedoch eine interessante Aufnahme der gesamten Oper mit Maria Callas in der Titelrolle unter der musikalischen Leitung von Georges Prêtre (EMI 1964).

Zwei Oratorien gehören dem Repertoire M. Callas. G.B. Pergolesis *Stabat Mater*, das sie 1943 in Athen sang, und *San Giovanni Battista* von A. Stradella, das sie 1949 in der Kirche von St. Peter in Perugia interpretierte.

Der frühe Tod

Die letzten zwei Jahre ihres Lebens verschloß sich M. Callas mehr und mehr. Sie vermied die Öffentlichkeit und pflegte fast keine Kontakte. Aus vielen Quellen wird ersichtlich, daß sie nicht die seelische Kraft fand, sich mit der Tatsache zu konfrontieren, daß sie ihre sängerische Karriere beenden sollte, aber auch nicht imstande war, ihre sängerische Leistung zu steigern.

Ohne Aufgaben schien sie ihre schöpferische Lebenskraft zu verlieren, und ihre Interessen waren, wie so oft bei großen Sängern, zu einseitig und zu sehr mit dem Beruf verbunden, als daß sie sie nun vor einem Versinken in Lethargie hätten bewahren können. Ihre kleinbürgerliche Herkunft mit ihren tiefsitzenden Regeln und Gesetzen prägte ihren Charakter, außerhalb der Musik, viel zu stark, um ihr einen breiten Horizont zu erlauben, und viele, die mit M. Callas mit Begeisterung und Zuneigung gearbeitet hatten, fanden den Umgang mit ihr als Privatperson schwierig: *Ein Abend mit Maria, das bedeutete, einen ganzen Abend lang über Maria zu reden; wie gut sie aussah; wie hübsch ihre Frisur war, ihr Kleid; daß sie wirklich ein Comeback wagen sollte und derlei mehr. (...) Einzig und allein meine Erinnerung an 'la Divina', wie sie auf der Bühne gewesen war, wenn ihre Kunst sie zu einem ganz anderen Menschen machte, half mir, derlei durchzustehen,* schrieb F. Zeffirelli.[1]

Die Aura der Legende, die sie umgab und die ihr zuweilen als Schutzwand diente, erschwerte und komplizierte Kontakte, die ihr aus ihrer Einsamkeit und Depression hätten heraushelfen können. Ihre Verletzlichkeit und menschliche Unsicherheit, die mit einem unaufhörlichen Drang, sich zu beweisen, verbunden waren, verhinderten einen unbeschwerten Umgang mit Menschen. Sogar alten, wohlwollenden Freunden verschwieg sie ihre verzweifelte Lage und hielt sie auf Distanz. Ihr Tod, am sechzehnten September 1977 im Alter von dreiundfünfzig Jahren, war, nicht zuletzt auch aus diesem Grund, ein Schock für viele, die sie gut kannten und sie liebten.

In den Jahren ihres Niedergangs hatte M. Callas eine *nicht gerade sympathische* Reihe von Bekannten um sich versammelt, meinte F. Zeffirelli, dessen Autobiographie M. Callas nie aus den Augen verliert. Ihr früher, plötzlicher Tod ließ ihre totale Isolation, in der Umgebung unglaubwürdiger *Freunde*, noch deutlicher erkennen.

Biographen, die einen Einblick in die Situation unmittelbar vor und nach dem Tod der Sängerin haben konnten, ihre Schwester, ihr Ehemann, die Freundin Cristina Gastel-Chiarelli, die Freundin Nadia Stancioff und andere, drückten ihr Befremden gegenüber Geschehnissen rund um den Tod M. Callas aus und machten auf einige Fragen aufmerksam, die Zweifel an der offiziell angegebenen Todesursache der Sängerin - einem Herzinfarkt - aufkommen lassen.

Die Rettung ist nicht alarmiert worden.

Der Chauffeur M. Callas verständigte einen Bekannten namens Jean Roire, der einen Arzt anrief. Jener Arzt stellte nur mehr den Tod fest.

Es wurde von niemandem eine Autopsie verlangt und auch keine durchgeführt.

Der Leichnam wurde trotz ihrer griechisch-orthodoxen Religionszugehörigkeit und ohne schriftliche Verfügung von seiten der Sängerin eingeäschert.

Es gab einen nie geklärten Vorfall mit der Urne, die M. Callas' Asche enthielt: sie verschwand vor Weihnachten 1978 aus dem Pariser Friedhof Père Lachaise und wurde wenig später in einem anderen Teil des Friedhofs wiedergefunden.

Die Asche wurde in die Ägäis verstreut.

Es wurde kein Testament gefunden und auch keine persönlichen Dokumente und Aufzeichnungen der Sängerin.

Die Organisation der Trauerfeierlichkeiten und der Einäscherung geschah in Eile und war der Berühmtheit der Sängerin nicht angemessen; es wurde keine Totenmaske abgenommen.

Manche Biographen drücken Unverständnis für die Handelsweise der griechischen Pianistin Vasso Devetzi aus, die seit 1973 mit M. Callas bekannt war und sich nach dem Tod der Sängerin für zuständig hielt, die Trauerfeierlichkeiten zu organisieren.

Am Tag des Todes war V. Devetzi in Athen, wo sie am Abend im Odeon des Herodes Attikus einen Auftritt hatte. Sie teilte dem griechischen Publikum den Tod M. Callas mit, und noch in Athen befaßte sie sich mit der Organisation der Trauerzeremonie. In den nächsten Tagen fuhr sie nach Paris, wo ihre Anweisungen durch das Personal M. Callas schon befolgt waren. Sie erklärte, daß es der Wunsch der Sängerin gewesen wäre, eingeäschert zu werden, ein Wunsch, der allerdings nie schriftlich ausgedrückt worden war. Eine Sondererlaubnis des Erzbischofs Meletios wurde erwirkt, und ohne die Verwandten zu konsultieren, wurde die Einäscherung angeordnet. Offiziell verlangte und unterschrieb den Auftrag zur Einäscherung - statt wie üblich ein Verwandter - der französische Kritiker und Freund V. Devetzis Jean Roire.

Gleich nach der Totenmesse in der griechisch-orthodoxen Kirche von Paris, die zu einem Pressespektakel wurde, brachte man die sterblichen Überreste zur Einäscherung, die innerhalb von Minuten stattfand.

In der Folge befaßte sich V. Devetzi auf undurchsichtige Weise mit der Hinterlassenschaft M. Callas, wie die Schwester Jackie Callas in ihrem Buch überzeugend beschreibt.

Als die Urne mit der Asche M. Callas kurz vor Weihnachten 1978 aus dem Pariser Friedhof Père Lachaise verschwand, strahlte der französische Rundfunk einen Aufruf V. Devetzis zur Rückgabe aus. Die Urne wurde in einem anderen Teil des Friedhofs gefunden. V. Devetzi ließ sie dann in einem Banktresor aufbewahren, bis die griechische Regierung für die Idee gewonnen wurde, die Asche in einer offiziellen Zeremonie in die Ägäis zu streuen, was am 3. Juni 1979 geschah. Diese Odyssee beendete auf merkwürdige Weise die Geschichte der bekanntesten Sängerin unserer Zeit, schockierte ihre Verwandten und befremdete ihre Freunde, auch wenn Nadia Stancioff, eine Mitarbeiterin und Freundin, berichtete, daß Maria Callas ihr gegenüber gerade diesen ungewöhnlichen Wunsch geäußert hatte: nach ihrem Tod eingeäschert und in die Ägäis verstreut zu werden ...

Was mit der Hinterlassenschaft geschah, ist für die Tausenden ihrer Bewunderer, die Musikwissenschaftler und die Forscher ein trauriges und ärgerliches Kapitel. Eine für M. Callas symptomatische Konstellation von menschlichen Schicksalen in ihrer engen Umgebung beraubten die Welt um wichtige Dokumente, Gegenstände und Räumlichkeiten, die dem Andenken an die Sängerin hätten dienen sollen:

G. B. Meneghini und M. Callas hatten am 23. Mai 1954, unmittelbar vor einer Amerikareise, ein einfaches Testament unterschrieben, wonach im Todesfall des einen Gatten der andere sein Vermögen erben sollte. Maria Callas hatte dieses Testament nie widerrufen, und da kein Testament neueren Datums gefunden worden war und die katholische Ehe der beiden in Italien noch immer gültig war, war G.B. Meneghini der Alleinerbe.

Die griechischen Verwandten, also die Mutter und die Schwester, erhoben, assistiert durch V. Devetzi, ebenfalls Ansprüche auf die Hinterlassenschaft, und eine Einigung mit G. B. Meneghini wurde erreicht.

Die griechische Seite unterstützte nach Erhalt ihres Teils der Hinterlassenschaft die Gründung einer Stiftung, die den Namen M. Callas trug und durch V. Devetzi geleitet wurde. Jackie Callas bedauerte in ihrem Buch, daß die Aktivitäten der Stiftung, die sie finanziell unterstützte, sehr undurchsichtig und begrenzt blieben, während die dubiosen geschäftlichen Initiativen Vasso Devetzis mit dem Verkauf des Pariser Appartements in der Rue George Mandel endeten.

Zusätzlich zu seinem Teil der Hinterlassenschaft kaufte G. B. Meneghini den Großteil der Einrichtungsgegenstände und Erinnerungsstücke M. Callas, die bei einer Auktion in Paris angeboten wurden. Mehrmals kündigte er an, in seiner Villa in Sirmione am Gardasee, wo die Eheleute Meneghini oft ihre Freizeit verbracht hatten, ein Callas-Museum errichten zu wollen - das Haus in der Via Buonarroti in Mailand hatte Maria Callas nach ihrer Scheidung verkauft - und er plante, eine Stiftung zu gründen sowie Gesangswettbewerbe zu unterstützen. Bis zu seinem Tod im Januar 1981 im Alter von sechsundachtzig Jahren unternahm er nichts in dieser Richtung. Schließlich hinterließ er ein einfaches Testament, wonach er seine langjährige Haushälterin Emma Roverselli Brutti zu seiner und indirekt auch M. Callas Universalerbin bestimmte.

Wenn man heute als Musikwissenschaftler und Forscher Briefe und Schriften M. Callas studieren will, stößt man auf eine unüberwindbare Wand; jeder Versuch, an das wertvolle Material heranzukommen, endet in einer Sackgasse, Briefe an die Erben bleiben unbeantwortet.

Die bisher veröffentlichten Briefe Maria Callas an ihren Sängerkollegen Giacomo Lauri Volpi, ihren Taufpaten Dr. Leonidas Lanzounis, an die Freundinnen Cristina Gastel-Chiarelli und Nadia Stancioff und vor allem die unzähligen Briefe an ihren Mann gehören zu den wenigen authentischen Quellen, die das künstlerische und private Leben der Sängerin durchleuchten; denn während sie sich in der Gesellschaft unsicher benahm und sich selbst als Misanthropin bezeichnete, war sie in den wenigen innigen Beziehungen, die sie hatte, von einer verblüffenden Offenheit und scheute sich nicht, ihre intimsten Gedanken ganz klar zu formulieren.

G. B. Meneghini verwendete in seinen Memoiren große Teile aus Briefen seiner Frau, er wählte sie aber verständlicherweise so aus, daß sie seine persönlichen Schwerpunkte unterstützen und dem erklärten Ziel seines Buches

– die Liebe M. Callas zu ihm zu beweisen - dienten. Zum anderen unterzog er die Briefe, wie man heute weiß, einer Korrektur, da M. Callas' Italienisch während jener frühen Zeit, aus der die meisten Briefe stammen, nicht perfekt war. Im Zuge dieser Korrektur entstanden auch Formulierungen, die den Sinn stark verändern. Das wird am Beispiel eines Briefes, den R. Allegri in der Originalform veröffentlichte, ersichtlich: M. Callas schrieb: *L'arte secondo gli altri mi rende tutto. Secondo me, neanche la minima parte di quello che vorrei. Il pubblico mi applaudisce ma io so, dentro di me che potrei aver fatto tanto di più.* (Der Meinung anderer nach gelingt mir in der Kunst alles. Meiner Meinung nach nicht einmal ein Bruchteil von dem, was ich möchte. Das Publikum applaudiert mir, aber tief in mir weiß ich, daß ich viel mehr hätte machen können.)

G. B. Meneghinis korrigierte Version lautet: *L'arte secondo gli altri dovrebbe essere tutto per me. Secondo me, non è neanche la minima parte di quello che vorrei. Il pubblico mi applaude, ma io so dentro di me che potrei aver fatto tanto di più.* (Der Meinung anderer nach, wäre Kunst alles für mich. Meiner Meinung nach ist sie nich einmal ein Bruchteil dessen, was ich möchte. Das Publikum applaudiert mir, aber tief in mir weiß ich, daß ich viel mehr hätte machen können.)

Abgesehen davon, daß diese Version irreführend ist, ist sie auch unlogisch. Man sieht also, daß man G. B. Meneghinis Veröffentlichung nicht absolut vertrauen kann, und es ist ärgerlich, daß dieses kostbare Material der Forschung nicht zur Verfügung gestellt wird. Das zwanzigste Jahrhundert brachte es fertig, die Spuren seiner berühmtesten Sängerin zu verwischen ...

Zum Glück bleibt, was J. Ardoin das *Callas-Vermächtnis* nannte: der umfangreiche Bestand ihrer Studio- und Liveaufnahmen, die auch auf Compact Discs erschienen sind und die heute, mehr denn je, ihre Präsenz in der Welt des Musiktheaters, stärker als die jeder anderen Sängerin der Vergangenheit oder der Gegenwart, spürbar machen.

Die Maria Callas-Bibliographie

Über keine andere Sängerin in der Geschichte des Musiktheaters gibt es eine so umfangreiche Literatur wie über M. Callas. Die Publikationen, die zum Teil schon zu ihren Lebzeiten zu erscheinen begannen, sind jedoch größtenteils kommerzieller Natur und, vorsichtig ausgedrückt, nicht immer seriös. In manchen Fällen wundert man sich direkt über die fahrlässige Art und Weise, in der sich ein Autor, der sich offensichtlich im Glanze der Sängerin sonnt, profiliert und bereichert, mit einer fast bösartigen Freude in einem scheinbar seriösen Buch Legenden und Tratschgeschichten der internationalen Tagespresse und Boulevardblätter nicht nur nicht zu überprüfen und eventuell zu vermeiden sucht, sondern im Gegenteil, auch die offensichtlich dümmsten, diffamierendsten und schon längst widerlegten weitergibt.

Natürlich wurden auch Bücher von leidenschaftlichen, wohlwollenden Callasbewunderern geschrieben wie Leonardo Bragaglia, John Ardoin zusammen mit Gerald Fitzgerald, George Jellinek, Henry Wisneski, Pierre Jean Rémy, Cristina Gastel-Chiarelli, Stelios Galatopoulos, Steven Linakis u. a.

Die Publikationen ihrer Verwandten, weniger die der Mutter, aber die der Schwester und vor allem des Ehemanns, enthüllen, auch wenn sie zum Teil einer persönlichen Rechtfertigung dienen, doch am glaubhaftesten jeweils einen kleinen Teil der privaten Seite M. Callas. Sie belegen ihre Informationen immer wieder durch Briefe oder Notizen der Sängerin und gehen weit natürlicher und behutsamer vor als Biographen, die, ohne M. Callas jemals begegnet zu sein, ihre private Seite zu durchleuchten versuchten. Durch Briefe M. Callas, die ihr Ehemann veröffentlichte, erfährt man weit mehr über die Frau und Künstlerin *jenseits der Legende* als durch hunderte von Seiten voll Spekulationen mancher Autoren. Allerdings hätten die restlichen Briefe, die G. B. Meneghini <u>nicht</u> veröffentlichte, wahrscheinlich dieses Bild verändert und erst vollkommen gemacht. Die Veröffentlichungen A. Stassinopoulos, Cristina Gastel-Chiarelli und Nadia Stancioff sowie Leonardo Bragaglias *Homage* enthalten auch Briefe der Sängerin. Das Buch von Mario Pasi mit Presseartikeln und vor allem Kritiken, ist ebenfalls wertvoll.

Zwei Publikationen erreichten jedoch, auf Legenden und Klatsch völlig vezichtend, der Forschung des Phänomens M. Callas wirklich zu dienen: die 1977 in London erschienene Arbeit von John Ardoin *The Callas Legacy* (auf Deutsch erschien sie 1979 in München mit dem Titel *Maria Callas und ihr Vermächtnis*), eine gründliche, möglichst umfassende kritische Präsentation und Besprechung ihrer Studio- und Liveaufnahmen sowie vorhandenen Filmmaterials, und das 1983 in Athen erschienene Buch von Polyvios Marchand *Maria Callas, ihre griechische Karriere*, eine lückenlose Chronik, die ihre Studienjahre und ihre ersten Bühnenauftritte in Athen durch unzählige Programmzettelabbildungen, Zeitungskritiken und -artikel dokumentiert und Daten richtigstellt, die in der internationalen Literatur noch heute, zehn Jahre nach dieser Veröffentlichung, falsch angegeben werden.

Anhang

Anmerkungen

Die frühen Jahre

1   Manche Lexika und Biographien geben den 3. oder 4. Dezember als Geburtstag an. In M. Callas Paß stand jedoch der 2. Dezember, und Nadia Stancioff berichtet, daß der 2. Dezember 1923 in der Geburtsurkunde der Sängerin stand, die unter dem Familiennamen *Kalos* eingetragen war.

2   Lauri-Volpi, Giacomo: Voci parallele. - Milano 1960, S. 218.

3   Der erste Auftritt M. Callas in einer kompletten Oper, in der *Cavalleria Rusticana* von P. Mascagni, fand am 2. 4. 1939 statt. Folgende Biographien geben ein falsches Datum an:
Ardoin John, Fitzgerald Gerald: Callas. – London: Thames and Hudson 1974, S. 266.
Allegri, Renzo: La Vera Storia di Maria Callas. – Milano: Arnoldo Mondatori 1991, S. 33.
Jellinek, George: Callas. Portrait of a Prima Donna. – London: Gibbs and Phillips 1961, S. 14.
Lorcey, Jaques: Maria Callas. – Paris: PAC 1977, S. 47.
Kesting, Jürgen: Maria Callas. – Düsseldorf: Claasen 1990, S. 92.
Rémy, Pierre-Jean: Callas – Une Vie. – Paris: Ramsay 1978, S. 29.
Pasi, Mario: Maria Callas. La Donna, la Voce, la Diva. – Milano: I.M.I. 1981, S. 321.
Stancioff, Nadia: Callas. Biographie einer Diva. – Zürich: Schweizer Verlagshaus 1988, S. 62.
Stassinopoulos, Arianna: Die Callas. – Hamburg: Hoffman und Campe 1981, S. 41.
Verga, Carla: Maria Callas. Un Mito. – Milano: Mursia 1986, S. 151.
Wisneski, Henry: Maria Callas - The Art behind the Legend. – New York: Doubleday 1975, S. 4.

Der erste professionelle Auftritt M. Callas fand im Januar 1941 in der Operette *Boccaccio* von F. von Suppé statt. Folgende Biographien geben ein falsches Datum an:

Ardoin, John, Fitzgerald, Gerald: Callas. – London: Thames and Hudson 1974, S. 266.

Allegri, Renzo: La Vera Storia di Maria Callas. – Milano: Arnoldo Mondatori 1991, S. 44.

Dufresne, Claude: Maria Callas. Primadonna assoluta. – München: Wilhelm Hayne Verlag 1991, S. 48.

Galatopoulos, Stelios: Prima Donna Assoluta. – London: Allen 1976, S. 325. (Er gibt das richtige Jahr an, aber den 22. Mai als Datum ihres Debüts.)

Kesting, Jürgen: Maria Callas. – Düsseldorf: Claassen 1990, S. 95.

Pasi, Mario: Maria Callas. La Donna, la Voce, la Diva. – Milano: I.M.I. 1981, S. 321.

Stancioff, Nadia: Callas. Biographie einer Diva. – Zürich: Schweizer Verlagshaus 1989, S. 66.

Stassinopoulos, Arianna: Die Callas. – Hamburg: Hoffmann und Campe 1981, S. 46.

Verga, Carla: Maria Callas. Un Mito. – Milano: Murcia 1986, S. 151.

Der erste professionelle Auftritt M. Callas in einer Oper fand am 27. 8. 1942 in *Tosca* von G. Puccini statt. Folgende Biographien geben ein falsches Datum an:

Dufresne, Claude: Maria Callas. Primadonna assoluta. – München: Wilhelm Hayne Verlag 1991, S. 50.

Galatopoulos, Stelios: Prima Donna Assoluta. – London: Allen 1976, S. 16.

Pasi, Mario: Maria Callas. La Donna, La Voce, La Diva. – Milano: I.M.I. 1981, S. 321.

Verga, Carla: Maria Callas. Un Mito. – Milano: Murcia 1986, S. 151.

4 Kesting, Jürgen: Maria Callas. - Düsseldorf: Claassen 1990, S. 100.

5 Alle Programmangaben aus dieser Zeit werden der Dokumentation von Polyvios Marchand: Maria Callas. Ihre griechische Karriere. – Athen: Gnossi 1983 entnommen.

6 Alexandra Lalaouni in *I Vradyni* 28. 8. 1942.

7   *Deutsche Nachrichten in Griechenland* 2/3 9. 1943.

8   *Wiener Illustrierte* 21. 6. 1944.

9   *Deutsche Nachrichten in Griechenland* 23. 4. 1944.

10 Brief an G.B. Meneghini, Buenos Aires 24. 6. 1949, in G.B. Meneghinis: Maria Callas, mia moglie. – Milano: Rusconi 1981. S. 104.

11 Alexandra Lalaouni in der Zeitung *I Vradyni* 17. 8. 1944.

12 Sofia Spanoudi in der Zeitung *Athinaika Nea* 17. 8. 1944.

13 Friedrich Herzog in *Deutsche Nachrichten in Griechenland* 8/1944.

14 Rasponi, Lanfranco: The last Primadonnas. – London: Victor Gollanez 1984, S. 350.

15 Callas, Evangelia: My daughter Maria Callas. – London Frewin 1967.

16 Linakis, Steven: Diva. The Life and Death of Maria Callas. – London: Owen 1981.

17 Marchand, Polyvios: Maria Callas. Ihre griechische Karriere. – Athen: Gnossi 1983, S. 141.

18 Sofia Spanoudi in der Zeitung *Ta Nea* 8. 8. 1945.

19 Joannis Psaroudas in der Zeitung *To Vima* vom 7. 9. 1945.

20 Der Kritiker mit dem Pseudonym *Der Zuschauer* in der Zeitung *To Ethnos* 6. 9. 1945.

Maria Callas als Norma und im Belcanto

1 *Tenero* auf Italienisch weich, zart.

2 Vincenzo Bellini in einem Brief an Francesco Florimo, geschrieben am 1. Juli 1835.

3 Interview mit Lanfranco Rasponi in: The·last Primadonnas. London: Victor Gollanz 1984, S. 192.

4 Shirley Verret und Grace Bumbry sangen Norma. Beide begannen ihre Karriere als Mezzos, wechselten aber ins Sopranfach über.

5 *Spero che sara riserbato alla Malibran di farla gustare ai francesi.* Brief von V. Bellini an Francesco Florimo, geschrieben am 1. 7. 1835.

6 Brief V. Bellinis an Giovanni Battista Perucchini, geschrieben am 31. 12. 1831 nach der Weltpremiere.

7 Bragaglia, Leonardo: L'arte dello stupore. Omaggio a Maria Callas. – Roma: Bulzoni 1977.

8 G. B. Meneghini: S. 104.

9 Ardoin, John; Fitzgerald, Gerald: Callas. – London: Thames and Hudson 1974, S. 30.

10 G.B. Meneghini S. 66.

11 Ardoin J. – Fitzgerald G.: S. 19.

12 Übersetzt aus dem Original. Renzo Allegri: La Vera Storia di Maria Callas. – Milano: Arnoldo Mondatori 1991, S. 103-104.

13 G.B. Meneghini S. 162.

14 Rosenthal, Harold: Two centuries of opera at Covent Garden. – London: Putnam 1958, S. 624–625.

15 Rosenthal, Harold: S. 665.

16 Allegri, Renzo: S. 75–76.

17 Pasi, Mario: Maria Callas. La Donna, la Voce, la Diva. – Milano: I.M.I. 1981, S. 15.

18 G. B. Meneghini S. 32.

19 Allegri, Renzo S. 80.

20 Allegri, Renzo S. 85.

21 G. B. Meneghini S. 245.

22 G.B. Meneghini S. 73–74.

23 G. B. Meneghini S. 72.

24 G. B. Meneghini S. 72.

25 Ardoin J., Fitzgerald G. S. 244.

26 Ardoin J., Fitzgerald G. S. 233.

27 Zeffirelli F.: Autobiographie. – München: Piper 1987, S. 294.

28 Legge, Walter/Schwarzkopf, Elisabeth: Gehörtes, Ungehörtes, Memoiren. – München: Noack-Hübner 1982, S. 229–230.

29 Legge W.: S. 39.

30 Bragaglia, L.: S. 13.

Maria Callas und La Traviata

1 Brief von G. Verdi an Cesare De Sanctis, Paris 16. Februar 1854.

2 Brief G. Verdis an Cesare De Sanctis vom 26. Mai 1854.

3 Bragaglia, Leonardo: Verdi e i suoi interpreti (1839–1978), Roma 1979.

4 Meneghini, Giovanni Battista: My wife Maria Callas. – London, Sydney, Toronto: The Bodley Head 1983, S. 161–167.

5 Meneghini, Giovanni Battista: Maria Callas, mia Moglie. – Milano: Rusconi 1981, S. 180–182.

6 Ardoin, J. und Fitzgerald, F.: S. 115.

7 Brief G. Verdis an Cesare De Sanctis vom 17. Februar 1855.

8 Ardoin, Fitzgerald: S. 123.

9 Galatopoulos, Stelios: Prima Donna Assoluta. – London: Allen 1976, S. 85.

10 Brief L. Viscontis an G.B. Meneghini, Rom 13. 8. 1956, in Meneghini, G.B.: M. Callas, mia moglie. S. 193–194.

11 Meneghini, G. B.: M. Callas, mia moglie. S. 205.

Maria Callas übrige Verdi-Partien

1 G. B. Meneghini S. 122.

2 G. B. Meneghini S. 122.

3 Jussi Björling sang den Manrico zum ersten und letzten Mal neben M. Callas.

4 Ardoin J. und Fitzgerald G. S. 48.

5 *Corriere della Sera* nach der Premiere (7. 12. 1951).

6 G. B. Meneghini S. 140.

7 G.B . Meneghini S. 141.

8 Kritik im *Corriere della Sera*.

9 Ardoin J./Fitzgerald G.: S. 17–18.

10 Luchino Visconti über M. Callas.

11 Aus einem Brief an G.B. Meneghini, geschrieben am 2. 5. 1949 an Bord des Schiffes *Argentina* unterwegs nach Argentinien. G. B. Meneghini S. 86.

12 In der Zeitung *Il lavoratore*.

13 G. B. Meneghini S. 114.

Maria Callas und Medea

1 J. Kesting in *Maria Callas*, Düsseldorf 1990, S. 121, gibt die falsche Information, daß L. Visconti in Rom in *Il Turco in Italia* Regie geführt hätte!

2 Interview mit der Schreibenden am 7. 4. 1987 in Wien.

3 Ardoin J./Fitzgerald G.: S. 110-111.

4 Kritik in der Zeitung *Il Gazzettino*.

5 Kritik in der Zeitung *La Patria*.

6 Kritik in der Zeitung *Il Corriere Lombardo*.

7 Ardoin J./Fitzgerald G.: S. 13–14.

8 Cherubini in Zeugnissen seiner Zeitgenossen.

9 Ardoin J./Fitzgerald G. S. 182.

10 Ardoin J. /Fitzgerald G. S. 186.

11 Legge, Walter/Schwarzkopf, Elisabeth: Gehörtes, Ungehörtes, Memoiren. – München 1982, S. 235.

Maria Callas und die Werke Donizettis

1 Bragaglia, Leonardo: L'arte dello stupore. – Roma 1977, S. 31.

2 Legge, Walter: Gehörtes, Ungehörtes, Memoiren. – München 1982, S. 227.

3 Interview mit der Schreibenden am 7. 4. 1987 in Wien, Musikverein.

4 Karl Löbl erzählte über das Gastspiel der M. Scala mit M. Callas in: Das Wunder Karajan. – Bayreuth 1965, in einem Kapitel mit dem Titel *Mit Handkuß nach Wien*.

5 *Corriere della Sera* 12. Juni 1956.

6 Ardoin J./Fitzgerald G.: S. 151.

7 *Corriere della Sera* 9. 4. 1958.

8 Bragaglia, Leonardo: S. 30.

9 Interview mit der Schreibenden am 7. 4. 1987 in Wien.

10 *Corriere della Sera* 16. 4. 1957.

11 Pasi, Mario: Maria Callas. La Donna, la Voce, la Diva. – Milano: I.M.I. 1981, S. 222.

Maria Callas als Tosca und im Verismo

1 G. B. Meneghini S. 126.

2 G. B. Meneghini S. 131.

3 G. B. Meneghini S. 134.

4 Gobbi, Tito: My Life. – London 1979.

5 Interview mit der Schreibenden am 7. 4. 1987 in Wien.

6 Legge, Walter: S. 7.

7 Gobbi, Tito: S. 100.

8 *Il Giorno* 22. 1. 1964.

9 Gastel-Chiarelli, Cristina: S. 123.

10 Verga, Carla: Maria Callas. Un Mito. – Milano 1986, S. 150.

11 Kritik in *Il Gazzettino* 29. 1. 1948.

12 In *Il Gazzettino* über eine Aufführung am *Teatro Puccini* in Udine.

13 Aus *Il secolo XIX* (11. 9. 1948), Kritik einer Aufführung am *Teatro Carlo Felice* in Genova.

14 Aus *Il Messaggero* (4. 7. 1948), Kritik einer Aufführung in *Terme di Caracalla* in Rom.

15 Interview Wien 7. 4. 1987.

16 G. B. Meneghini: S. 243.

ANDERE WERKE IN MARIA CALLAS' REPERTOIRE

1 *La Nazionale* 26. 4. 1952. Kritik der Oper *Armida* am *Teatro comunale* Florenz in Pasi, Mario: Maria Callas, La Donna, la Voce, la Diva. – Milano I.M.I. 1981, S. 80.

2 Pasi Mario: S. 80.

3 *Corriere della Sera* über die Vorstellung vom 1. 6. 1957.

4 *Corriere della Sera*, Kritik über die Vorstellung vom 7. 12. 1954.

DER FRÜHE TOD

1 Zeffirelli, Franco: Autobiographie. - München: Piper 1987, S. 449.

1923	2. Dezember:	Geboren in New York als Tochter griechischer Auswanderer.
1937	Februar:	Rückkehr nach Griechenland. Ab Herbst Gesangsstudium am *Ethnikon Odeon* mit Maria Trivella.
1939	2. April:	Erstes Auftreten in einer Opernaufführung als Santuzza in *Cavalleria Rusticana* von P. Mascagni im Theater *Olympia* in Athen.
	November:	Beginn ihres Studiums mit Elvira de Hidalgo am *Odeon Athinon*.
1940	20. Juni:	Vertrag mit der Athener Oper (*Etniki Lyriki Skini*).
1941	Januar:	Erstes professionelles Auftreten als Beatrice in der Operette *Boccaccio* von F. v. Suppé.
1942	27. August:	Erste große Rolle als Floria Tosca in der Oper *Tosca* von G. Puccini.
1945	14. September:	Rückkehr nach Amerika, wo der Vater noch lebte.
1947	29. Juni:	Ankunft in Italien. Am nächsten Abend Bekanntschaft mit G. B. Meneghini, ihrem zukünftigen Mann.
	2. August:	Debüt in Italien als Gioconda in der Oper *La Gioconda* von A. Ponchielli.
1948	30. November:	Erstes Auftreten in einer Belcantorolle als Norma in Florenz.

1949	21. April:	Heirat mit Giovanni Battista Meneghini in Verona.
	Mai–Juli:	Teatro Colón, Buenos Aires.
1950	12. April:	Debüt an der Mailänder Scala.
	Mai–Juni:	Gastspiel in Mexico.
1951	Juli–September:	Gaspiel in Südamerika.
	7. Dezember:	Eröffnung der Saison der M. Scala als Elena in *I Vespri Siciliani* von G. Verdi. Beginn ihrer Zusammenarbeit mit der M. Scala.
1953	Februar:	Lucia di Lammermoor. Erste Schallplattenaufnahme für EMI. Beginn ihrer Zusammenarbeit mit Walter Legge.
1954	1. November:	Debüt in Amerika, Chicago Civic Opera, als Norma.
	7. Dezember:	Eröffnung der Saison der Mailänder Scala mit *La Vestale*. Beginn der Zusammenarbeit mit Luchino Visconti.
1955	15. April:	*Il Turco in Italia*. Erste Zusammenarbeit mit Franco Zeffirelli.
	17. November:	Beginn der Auseinandersetzungen mit der amerikanischen Justiz wegen der Anklage E. Bagarozys.
1957	5. August:	Konzert in Athen unter A. Votto. Es war ihr erstes Auftreten in Griechenland nach Beginn ihrer internationalen Karriere.
1958	2. Januar:	Wegen einer Indisposition unterbrach M. Callas eine Galavorstellung der *Norma* in der Oper von Rom. Das war der Beginn einer

feindseligen Offensive der Presse gegen sie, die mit einem Ausschluß aus dem italienischen Theaterleben endete.

1959	22. Juli:	Beginn einer Kreuzfahrt auf der Jacht *Christina* von Aristoteles Onassis, während derer sich M. Callas in den griechischen Reeder verliebte.
	14. November:	Trennung von ihrem Mann G. B. Meneghini.
1963		Verlegung ihres ständigen Wohnsitzes nach Paris.
1964	21. Januar:	*Tosca* in Covent Garden. Ihr erstes Auftreten nach einer zweijährigen Pause.
1965	5. Juli:	Aufführung der *Tosca* in Covent Garden, London. Es war die letzte Opernaufführung ihrer Karriere.
1969	Juni–Juli:	Als Medea Teilnahme an den Dreharbeiten des Films *Medea* von Pier Paolo Pasolini.
1971/72		Meisterkurse an der Juillard School in New York.
1973		Zusammen mit Giuseppe di Stefano führte sie Regie in G. Verdis *I Vespri Siciliani*, Teatro Regio Turin.
1973/74		Konzerttournée um die Welt mit G. Di Stefano.
1975	29. Oktober:	Letztes Konzert in Seoul.
1977	16. September:	Tod in Paris.

CHRONOLOGIE DER AUFTRITTE

1938	April (11)	Schülerkonzert des *Ethnikon Odeon*, Klasse Maria Trivella	Athen (Parnassos)
1939	April (2)	CAVALLERIA RUSTICANA (Mascagni) M. Callas (Santuzza), V. Simiriotis (Turridou), Ch. Athineos (Alfio), A. Kopanou (Mamma Lucia), P. Euthimiadou (Lola)	Athen (Olympia)
	Mai (22)	Schülerabend des *Ethnikon Odeon*, Klasse Maria Trivella	Athen (Parnassos)
	Mai (23)	Schülerabend des *Ethnikon Odeon*, Klasse Maria Trivella, *Un Ballo in maschera* (Teile aus dem 3. Akt), *Cavalleria Rusticana* (2. Szene)	Athen (Parnassos)
1940	Februar (23)	Schülerabend des *Odeon Athinon*, Klasse Elvira de Hidalgo	Athen (Odeon Athinon)
	April (3)	Rundfunkübertragung Duette mit A. Mandikian	Athen
	Juni (16)	SUOR ANGELICA (Im Rahmen der Prüfungen des *Odeon Athinon*) M. Kalogeropoulou (Suor Angelica), P. Eustratiadou (La Zia Principessa)	Athen
1941	Januar (21)	BOCCACCIO (F.v.Suppé) (M. Kalogeropoulou debütierte nicht bei der Premiere, sondern bei einer der folgenden	Athen (Olympia)

104

Aufführungen. Das genaue
Datum bleibt unbekannt.)

1942	Juli (7)	BOCCACCIO (F.v.Suppé) M. Kalogeropoulou (Beatrice), M. Koronis/ N. Glynos (Boccaccio), Z. Vlachopoulou (Fiametta), S. Kalogeras (Lotteringi), D. Horn (Pietro), B. Pfeffer u. L. Zoras (Dirigenten)	Athen (Park)
	August (27)	TOSCA (Puccini) M. Kalogeropoulou (Tosca), A. Delendas (Mario), T. Xirellis (Scarpia), Th. Generalis u. T. Stefanidis (Angelotti), Th. Andrulis (Sacrestano), N. Dufexiadis (Spoleta), N. Vassiliadis (Dirigent)	Athen (Theater am Klauth- monos- Platz)
	September (8)	TOSCA (Puccini) (in italienischer Sprache) M. Kalogeropoulou (Tosca), L. Kouroussopoulos (Mario), L. Vassilakis (Scarpia)	Athen (Theater am Klauth- monos- Platz)
		Konzert Werke von G. Rossini M. Kalogeropoulou, Mireille Flery, Fani Papanastassiou, Petros Epitropakis, Spiros Kalogeras. Am Flügel: Andreas Parides	Saloniki
1943	Februar (19)	HO PROTOMASTORAS (Kalomiris) M. Kalogeropoulou nimmt im Chor teil	Athen (National- theater)
	Februar (28)	Wohltätigkeitskonzert M. Kalogeropoulou, P. Epitropakis, J. Angelopoulos, T. Varouti	Athen (Kino- *Sporting*)

April (22)	STABAT MATER (Pergolesi) M. Kalogeropoulou (Sopran), Arda Mandikian (Alt), G. Lykoudis (Dirigent) Das Konzert wurde durch den Rundfunk übertragen.	Athen (Italien. Kulturinstitut)
Juli (17)	TOSCA (Puccini) (Wiederholung)	Athen (Theater am Klauthmonos-Platz)
Juli (21)	Rezital M. Kalogeropoulou Am Flügel: A. Parides	Athen (Theater *Kosta Moussouri*)
August	Zwei Rezital Werke von F. Schubert, J. Brahms u. a.	Saloniki
September (26)	Wohltätigkeitskonzert Am Flügel: K. Kydoniatis	Athen (Olympia)
Dezember (12)	Wohltätigkeitskonzert M. Kalogeropoulou, L. Androutzopoulos (Dirigent)	Athen (Theater *Kotopouli-Rex*)
1944 April (22)	TIEFLAND (D'Albert) M. Kalogeropoulou (Martha), A. Delendas (Pedro), E. Mangliveras (Sebastiano), Z. Vlachopoulou (Nuri), L. Zoras (Dirigent)	Athen (Olympia)
Mai (6)	CAVALLERIA RUSTICANA (Mascagni) M. Kalogeropoulou (Santuzza), A. Delendas (Turridou), T. Tsoumbris (Alfio), M. Kourachani (Lola), A. Mbourdakou (Lucia), T. Karalivanos (Dirigent)	Athen Olympia)
Mai (21)	Wohltätigkeitskonzert Norma: *Casta diva* Orchester der *Ethniki Lyriki Skini*, L. Zoras	Athen

		(Dirigent) Übertragen durch den deutschen Rundfunk von Athen	
	Juli (30)	HO PROTOMASTORAS (Kalomiris) M. Kalogeropoulou (Smaragda), M. Koronis (Baumeister), N. Galanou (Sänger), A. Mbourdakou (Mutter), M. Kalomiris (Dirigent)	Athen (Odeon *Herodes Atticus*)
	August (14)	FIDELIO (Beethoven) M. Kalogeropoulou (Leonore), A. Delendas (Florestan), G. Moulas (Rocco) Z.Vlachopoulou (Marzelline), G. Kokolios (Jacquino), E. Mangliveras (Pizzaro), Th. Generalis (Don Fernando), Hans Hoerner (Dirigent)	Athen (Odeon *Herodes Atticus*)
	Oktober oder November	Rezital	Saloniki
1945	März (14)	TIEFLAND (D'Albert) (Wiederholung)	Athen (Olympia)
	März (20)	*Englischer Nachmittag* T. Karalivanos (Dirigent)	Athen (Olympia)
	August (3)	Abschiedskonzert Am Flügel: Alice Lycoudi	Athen (*Kotopouli-Rex*)
	September (5)	DER BETTELSTUDENT (Millöcker) M. Kalogeropoulou (Laura), M. Papadopoulou (Bronislawa), K. Damassioti (Palmatica), P. Epitropakis (Ollendorf), M. Koronis (Symon), A. Evangelatos (Dirigent)	Athen (Theater (*Leoforou Alexandras*)

1947	August (2, 5, 10, 14, 17)	LA GIOCONDA (Ponchielli) T. Serafin; R. Tucker, C. Tagliabue, E. Nikolai, N. Rossi Lemeni	Verona (Arena)
	Dezember (30)	TRISTAN UND ISOLDE (Wagner) T. Serafin; F. Tasso, B. Cristoff, R. Torres, F. Barbieri	Venedig(Fenice)
1948	Januar (3, 8, 11)	TRISTAN UND ISOLDE (wie Dezember)	Venedig(Fenice)
	Januar (29, 31) Februar (3, 8, 10)	TURANDOT (Puccini) N. Sanzogno; J. Soler, E. Rizzieri, B. Carmassi	Venedig(Fenice)
	März (11, 14)	TURANDOT (Puccini) O. De Fabritiis; J. Soler, D. Ottani, S. Maionica	Udine
	April (17, 20, 21, 25)	LA FORZA DEL DESTINO (Verdi) (Politeama) M. Parenti; G. Vertecchi, B. Franci, C. Siepi, A.M. Canali	Triest
	Mai (12, 14, 16)	TRISTAN UND ISOLDE (Wagner) T. Serafin; N. Rossi Lemeni, R. Torres, E. Nikolai, M. Lorenz	Genua (Grattacielo)
	Juli (4, 6, 11)	TURANDOT (Puccini) O. De Fabritiis; G. Masini, V. Montenari, G. Flamini	Rom (Caracalla)
	Juli (27) August (1, 5, 9)	TURANDOT (Puccini) A. Votto; A. Salvarezza, E. Rizzieri, E. Tognoli, D. De Cecco, N. Rossi Lemeni	Verona (Arena)
	August (11, 14)	TURANDOT (Puccini) A. Questa; M. Del Monaco V. Montanari, S. Maionica	Genua (Carlo Felice)

	September (18, 19, 23, 25)	AIDA (Verdi) T. Serafin; R. Turrini, E. Nikolai, I. Colasanti (19, 25), R. De Falchi, M. Stefanoni	Turin (Lirico)
	Oktober (19, 21, 24)	AIDA (Verdi) U. Berrettoni; R. Turrini, M. Pirazzini, E. Viaro, A. Mongeli	Rovigo (Sociale)
	November (30) Dezember (5)	NORMA (Bellini) T. Serafin; M. Picchi, F. Barbieri, L. Danieli	Florenz (Comunale)
1949	Januar (8, 12, 14, 16)	DIE WALKÜRE (Wagner) T. Serafin; G. Voyer, E. Dominici, R. Torres, J. Magnoni	Venedig(Fenice)
	Januar (19, 22, 23)	I PURITANI (Bellini) T. Serafin; A. Pirino, U. Savarese, B. Christoff	Venedig(Fenice)
	Januar (24) Februar (1, 10)	DIE WALKÜRE (Wagner) F. Molinari Pradelli; G. Voyer, B. Carmassi, G. Neri, J. Magnoni	Palermo (Massimo)
	Februar (12, 16, 18, 20)	TURANDOT (Puccini) J. Perlea; B. Gigli, V. Montanari, M. Petri	Neapel (San Carlo)
	Februar (26) März (2, 5)	PARSIFAL (Wagner)/ital. T. Serafin; H. Beirer, M. Cortis, C. Siepi, A. Dado	Rom (Opera)
	März (7)	Konzert Tristan und Isolde: Norma: *Casta Diva* I Puritani: *Qui la voce* Aida: *O Patria mia* F. Molinari Pradelli	Turin (RAI)
	März (8)	PARSIFAL (wie Februar)	Rom (Opera)

Mai (20, 29) Juni (11)	TURANDOT (Puccini) T. Serafin; M. Del Monaco H. Arizmendi, J. Zanin, N. Rossi Lemeni (29)	Buenos Aires (Colon)
Juni (17, 19, 25, 29)	NORMA (Bellini) T. Serafin; A. Vela, F. Barbieri, N. Rossi Lemeni	Buenos Aires (Colon)
Juni (22)	TURANDOT (wie Mai und Juni)	Buenos Aires (Colon)
Juli (2)	AIDA (Verdi) T. Serafin; A. Vela F. Barbieri, N. Rossi Lemeni	Buenos Aires (Colon)
Juli (9)	Konzert: NORMA, TURANDOT T. Serafin; Arizmendi, M. Del Monaco, N. Rossi Lemeni	Buenos Aires (Colon)
September (18)	S. GIOVANNI BATTISTA (Stradella) G. Santini; R. Corsi, M. Pirazzini, A. Berdini, C. Siepi	Perugia (San Pietro)
November (8–10)	Aufnahme für *Cetra* I Puritani: *Qui la Voce* Norma: *Casta diva* Tristan und Isolde: *Liebestod* Orchester RAI Turin	
Dezember (20, 22, 27)	NABUCCO (Verdi) V. Gui; G. Bechi, G. Sinimberghi, L. Neroni, A. Pini	Neapel (San Carlo)
1950 Januar (13, 15, 19)	NORMA (Bellini) A. Votto; G. Penno, E. Nikolai, T. Pasero	Venedig(Fenice)
Februar (2, 7)	AIDA (Verdi) A. Votto; M. Del Monaco, A. Pini, A. Protti	Brescia(Grande)

Februar (6, 9, 19, 25, 28)	TRISTAN UND ISOLDE (Wagner) T. Serafin; A. Seider, G. Neri, B. Franci, E. Nikolai	Rom (Opera)
Februar (23, 26)	NORMA (Bellini) T. Serafin; G. Masini, E. Stignani, G. Neri	Rom (Opera)
März (2, 4, 7)	NORMA (wie Februar, ausgen.: A. Cassinelli, Orov)	Rom (Opera)
März (13)	Konzert RAI: OBERON, LA TRAVIATA, IL TROVATORE, DINORAH A. Simonetto	Turin (Rai)
März (16, 19, 22, 25)	NORMA (Bellini) U. Berrettoni; M. Picchi, J. Giardino, M. Stefanoni	Catania (Bellini)
April (12, 15, 18)	AIDA (Verdi) F. Capuana; M. Del Monaco, F. Barbieri, R. De Falchi, A. Protti, C. Siepi	Mailand (Scala)
April (27, 30) Mai (2, 4)	AIDA (Verdi) T. Serafin; U. Savarese, C. Siepi, M. Picchi, E. Stignani	Neapel (San Carlo)
Mai (23, 27)	NORMA (Bellini) G. Picco; K. Baum, G. Simionato, N. Moscona	Mexico City (Palacio de las Bellas Artes)
Mai (30) Juni (3)	AIDA (Verdi) G. Picco; K. Baum G. Simionato, R. Weede, N. Moscona	Mexico City (Palacio de las Bellas Artes)
Juni (8, 10)	TOSCA (Puccini) U. Mugnai; M. Filippeschi, R. Weede	Mexico City (Palacio de las Bellas Artes)
Juni (15)	AIDA (Verdi) (wie 30. Mai, S. Filippeschi)	Mexico City (Palacio de las Bellas Artes)

Juni (20, 24, 27)	IL TROVATORE (Verdi) G. Picco; K. Baum, L. Warren, I. Petroff, G. Simionato	Mexico City (Palacio de las Bellas Artes)
September (22)	TOSCA (Puccini) A. Questa; R. Pelizzoni, Giovanni Inghilleri	Salsomaggiore
September (24)	TOSCA (Puccini) A. Questa; R. Turrini, R. Azzolini	Bologna (Duse)
Oktober (2)	AIDA (Verdi) V. Bellezza; M. Picchi, E. Stignani, R. De Falchi, G. Neri	Rom (Opera)
Oktober (7, 8)	TOSCA (Puccini) R. Santarelli; G. Masini, A. Poli	Pisa
Oktober (19, 22, 25, 29)	IL TURCO IN ITALIA (Rossini) G. Gavazzeni; M. Stabile, C. Valletti, S. Bruscantini, F. Calabrese, A.M. Canali Regie: Gerardo Guerrieri	Rom (Eliseo)
November (20, 21)	Konzert RAI: PARSIFAL (Wagner) V. Gui; A. Baldelli, R. Panerai, B. Christoff, G. Modesti, L. Pagliughi	Rom (RAI)
1951 Januar (14, 16, 20)	LA TRAVIATA (Verdi) T. Serafin; F. Albanese, E. Mascherini	Florenz (Comunale)
Januar (27, 30) Februar (1)	IL TROVATORE (Verdi) T. Serafin; G. Lauri-Volpi, G. Vertecchi (1, 27), C. Elmo, P. Silveri, I. Tajo	Neapel (San Carlo)
Februar (15, 20)	NORMA (Bellini) F. Ghione; R. Gavarini, E. Nikolai, G. Neri	Palermo (Massimo)

Februar (28)	AIDA (Verdi) F. Del Cupolo; J. Soler, M. Pirazzini, Manca-Serra	Reggio Calabria (Cilea)
März (12)	Konzert: Un ballo in maschera: *Ma dall'arido* Mignon: *Je suis Titania* Variationen über: *Deh torna, mio ben* Oberon: *Ocean, thou* *mighty monster* Der Freischütz: *Leise, leise* Variationen von H. Proch E. W. Ferrari; Sesto Bruscantini	Turin (RAI)
März (14, 18)	LA TRAVIATA (Verdi) F. Molinari-Pradelli; G. Campora, A. Poli	
April (21)	Konzert: Norma: *Casta diva* I Puritani: *Qui la voce* Aida: *O patria mia* La Traviata: *Ah! fors'è lui* La Rosa Parodi; Tito Schipa	Triest (Verdi)
Mai (26, 30) Juni (2, 5)	I VESPRI SICILIANI (Verdi) E. Kleiber; E. Mascherini G. Kokolios, B. Christoff J. Farkas	Florenz (Comunale)
Juni (9, 10)	ORFEO ED EURIDICE E. Kleiber; Tygesen, B. Christoff	Florenz (Teatro della pergola)
Juni (11)	Konzert: Norma, Dinorah, Aida, Mignon, La Traviata Variationen von H. Proch B. Bartoletti (Klavier)	Florenz (Grand Hotel)
Juli (3, 7, 10)	AIDA (Verdi) O. De Fabritiis; M. Del Monaco, O. Dominiquez G. Taddei	Mexico City (Palacio de las Bellas Artes)

Juli (15)	Konzert (Mexikanischer Rundfunk): La forza del destino: *Pace, pace* Un ballo in maschera: *Morrò, ma prima in grazia* O. De Fabritiis	Mexico City
Juli (17, 19 21, 22)	LA TRAVIATA (Verdi) O. De Fabritiis; C. Valletti, G. Taddei	Mexico City (Palacio de las Bellas Artes)
September (7)	NORMA (Bellini) T. Serafin; M. Picchi F. Barbieri, N. Rossi Lemeni	Sao Paolo
September (9)	LA TRAVIATA (Verdi) T. Serafin; G. Di Stefano Tito Gobbi	Sao Paolo
September (12, 16)	NORMA (Bellini) A. Votto; M. Picchi, E. Nikolai, B. Christoff	Rio de Janeiro
September (14)	Konzert (Rotes Kreuz): La Traviata, Aida Tebaldi, Silveri, Christoff	Rio de Janeiro
September (24)	TOSCA (Puccini) A. Votto; G. Poggi, P. Silveri, G. Neri, G. Del Signore	Rio de Janeiro
September (28, 30)	LA TRAVIATA (Verdi) N. Gaioni; G. Poggi, A. Salsedo	Rio de Janeiro
Oktober (20, 23)	LA TRAVIATA (Verdi) C.M. Giulini; G. Prandelli, G. Fabbri	Bergamo (Donizetti)
November (3, 6, 17, 20)	NORMA (Bellini) F. Ghione; G. Penno, G. Simionato, B. Christoff	Catania (Bellini)
November (8, 11, 13, 16)	I PURITANI (Bellini) M.W. Ferrari; W. Wenkow, C. Tagliabue, B. Christoff	Catania (Bellini)

114

	Dezember (7, 9, 12, 16, 19, 27)	I VESPRI SICILIANI (Verdi) V. De Sabata; E. Mascherini, E. Conley, B. Christoff	Mailand (Scala)
	Dezember (29)	LA TRAVIATA (Verdi) O. De Fabritiis; A. Pola, U. Savarese	Parma (Regio)
1952	Januar (3)	I VESPRI SICILIANI (Verdi) (wie Dezember, ausgen.: G. Modesti, Procida; Dir. A. Quadri)	Mailand (Scala)
	Januar (9, 11)	I PURITANI (Bellini) T. Serafin; E. Conley, C. Tagliabue, N. Rossi Lemeni, Gr. Hoffmann, S. Maionica	Florenz (Comunale)
	Januar (16, 19, 23, 27, 29) Februar (2, 7, 10)	NORMA (Bellini) F. Ghione; G. Penno, E. Stignani, N. Rossi Lemeni	Mailand (Scala)
	Februar (18)	Konzert: Macbeth: *Vieni! t'affretta!* Lucia die Lammermoor: *Ardon gli incensi* Nabucco: *Anch'io dischius* akmé: *Où va la jeune Indoue* De Fabritiis	Rom (RAI)
	März (12, 14, 16)	LA TRAVIATA (Verdi) F. Molinari Pradelli; N. Filacuridi, E. Mascherini	Catania (Bellini)
	April (2, 7, 9)	DIE ENTFÜHRUNG AUS DEM SERAIL (Mozart) J. Perlea; G. Prandelli, S. Beccaloni, P. Monteanu, T. Menotti, F. Duval	Mailand (Scala)
	April (14)	NORMA (Bellini) (wie Januar)	Mailand (Scala)

April (26, 29) Mai (1)	ARMIDA (Rossini) T. Serafin; F. Albanese, A. Ziliani, A. Salvarezza, G. Raimondi, M. Stefanoni	Florenz (Comunale)
Mai (2)	I PURITANI (Bellini) G. Santini; G. Lauri-Volpi, P. Silveri, G. Neri, M. Huder	Rom (Opera)
Mai (4) (wie April)	ARMIDA (Rossini)	Florenz (Comunale)
Mai (6, 11)	I PURITANI (Bellini) (wie Mai, ausgen.: A. Pirino-Arturo)	Rom (Opera)
Mai (29, 31)	I PURITANI (Bellini) G. Picco; G. Di Stefano, P. Campolonghi, R. Silva	Mexico City (Palacio de las Bellas Artes)
Juni (3, 7)	LA TRAVIATA (Verdi) U. Mugnai; G. Di Stefano, P. Campolonghi	Mexico City (Palacio de las Bellas Artes)
Juni (10, 14, 26)	LUCIA DI LAMMERMOOR (Donizetti) G. Picco; G. Di Stefano, P. Campolonghi, R. Silva	Mexico City (Palacio de las Bellas Artes)
Juni (17, 21)	RIGOLETTO (Verdi) U. Mugnai; G. Di Stefano, P. Campolonghi, I. Ruffino, M. T. Garcia	Mexico City (Palacio de las Bellas Artes)
Juni (28) Juli (1)	TOSCA (Puccini) G. Picco; G. Di Stefano, P. Campolonghi	Mexico City (Palacio de las Bellas Artes)
Juli (19, 23)	LA GIOCONDA (Ponchielli) A. Votto; G. Poggi, E. Nikolai, G. Inghilleri, I. Tajo	Verona (Arena)
August (2, 5, 10, 14)	LA TRAVIATA (Verdi) F. Molinari Pradelli; G. Campora, E. Mascherini	Verona (Arena)

August	DON GIOVANNI (Mozart: *Non mi dir ...*) T. Serafin; Orch. *Maggio Musicale* *Fiorentino*	Florenz (Comunale)
September	Aufnahme *Cetra*: LA GIOCONDA (Ponchielli) A. Votto; Poggi, Barbieri, Silveri, Neri	Turin (Studio)
November (5, 13)	NORMA (Bellini) V. Gui (13: J. Pritchard); M. Picchi, E. Stignani, G. Vaghi, J. Sutherland	London Covent Garden
Dezember (7, 9, 11, 14, 17)	MACBETH (Verdi) V. De Sabata; E. Mascherini, G. Penno, I. Tajo, G. Modesti, I. Vinco	Mailand (Scala)
Dezember (26, 28, 30)	LA GIOCONDA (Ponchielli) A. Votto; G. Di Stefano, E. Stignani, C. Tagliabue, I. Tajo	Mailand (Scala)
1953 Januar (1, 3, 8, 10)	LA TRAVIATA (Verdi) A. Questa; F. Albanese, U. Savarese, C. Tagliabue	Venedig (Fenice)
Januar (15, 18, 21)	LA TRAVIATA (Verdi) G. Santini; F. Albanese, U. Savarese	Rom (Opera)
Januar (25, 28) Februar (5, 8)	LUCIA DI LAMMERMOOR (Donizetti) F. Ghione; G. Lauri-Volpi, F. Di Stefano, E. Bastianini, R. Arie	Rom (Opera)
Februar	Aufnahme EMI: LUCIA DI LAMMERMOOR T. Serafin; G. di Stefano, T. Gobbi, R. Arie	
Februar (19)	LA GIOCONDA (Ponchielli) (wie Dezember, ausgenommen: G. Modesti, Alviso)	Mailand (Scala)

Februar (23, 26, 28)	IL TROVATORE (Verdi) A. Votto; G. Penno, E. Stignani, C. Tagliabue, G. Modesti	Mailand (Scala)
März (14, 17)	LUCIA DI LAMMERMOOR (Donizetti) F. Ghione; G. Di Stefano, E. Mascherini, G. Algorta	Genua (Carlo Felice)
März (24, 29) (wie Februar)	IL TROVATORE	Mailand (Scala)
März (24–30)	Aufnahme EMI I Puritani: Elvira T. Serafin; G. Di Stefano, G. Panerai, N. Rossi-Lemeni	Mailand (S. Eufemia)
April (9, 12, 15, 18)	NORMA (Bellini) G. Santini; F. Corelli, F. Barbieri, G. Neri	Rom (Opera)
April (21, 23)	LUCIA DI LAMMERMOOR (Donizetti) O. De Fabritiis; R. Turrini, G. Taddei, R. Arie	Catania (Bellini)
Mai (7, 10, 12)	MEDEA (Cherubini) V. Gui; C. Guichandut, G. Tucci, F. Barbieri, M. Petri	Florenz (Comunale)
Mai (19, 21, 24)	LUCIA DI LAMMERMOOR (Donizetti) G. Gavazzeni; G. Poggi, G. Guelfi, A. Cassinelli	Rom (Opera)
Juni (4, 6, 10)	AIDA (Verdi) J. Barbirolli; K. Baum, G. Simionato, J. Walters, M. Langdon, G. Neri, M. Nowakowsky, J. Sutherland	London (Covent Garden)
Juni (15, 17, 20, 23)	NORMA (Bellini) J. Pritchard; M. Picchi, G. Simionato, G. Neri, J. Sutherland	London (Covent Garden)

Juni (26, 29) Juli (1)	IL TROVATORE (Verdi) A. Erede; J. Johnston, J. Walters, G. Simionato, M. Langdon	London (Covent Garden)
Juli (23, 25, 28, 30)	AIDA (Verdi) T. Serafin; M. Del Monaco, M. Filippeschi, E. Nikolai, A. Protti, G. Neri	Verona (Arena)
August (3, 4)	Aufnahme EMI: CAVALLERIA RUSTICANA (Mascagni) T. Serafin; G. Di Stefano, G. Panerai	Mailand (S. Eufemia)
August (8)	AIDA (Verdi) F. Ghione; P. Zambruno, M. Pirazzini, G.P. Malaspina	Verona (Arena)
August (10 - 21)	Aufnahme EMI: TOSCA (Puccini) V. De Sabata; G. Di Stefano, T. Gobbi, F. Calabrese	Mailand (Scala)
August (15)	IL TROVATORE (Verdi) F. Molinari Pradelli; P. Zambruno, L. Danieli, A. Protti, S. Maionica	Verona (Arena)
September	Aufnahme für *Cetra*: LA TRAVIATA (Verdi) G. Santini; F. Albanese, U. Savarese	Turin (Studio)
November (19, 22, 23, 29)	NORMA (Bellini) A. Votto; F. Corelli, E. Nikolai, B. Christoff	Triest (Verdi)
Dezember (10, 12, 29)	MEDEA (Cherubini) L. Bernstein, R: M. Wallmann; G. Penno, M.L. Nache, F. Barbieri, G. Modesti	Mailand (Scala)
Dezember (16, 19, 23)	IL TROVATORE (Verdi) G. Santini; G. Lauri-Volpi, P. Silveri, M. Pirazzini, G. Neri	om (Opera)

1954	Januar (2, 6, 18, 21, 24, 27, 31) Februar (5, 7)	LUCIA DI LAMMERMOOR (Donizetti) H. von Karajan; Di Stefano, G. Poggi (7), R. Panerai, G. Modesti	Mailand (Scala)
	Februar (13, 16, 21)	LUCIA DI LAMMERMOOR (Donizetti) A. Questa; L. Infantino, E. Bastianini, G. Tozzi	Venedig (Fenice)
	März (2, 4, 7)	MEDEA (Cherubini) V. Gui; R. Gavarini, G. Tucci, M. Pirazzini, G. Tozzi	Venedig (Fenice)
	März (10, 15, 17)	TOSCA (Puccini) F. Ghione; M. Ortica, G.G. Guelfi, S. Maionica	Genua (Carlo Felice)
	April (4, 6, 15, 20)	ALCESTE (Gluck) C.M. Giulini, R: M. Wallmann; R. Gavarini, P. Silveri, R. Panerai, N. Zaccaria	Mailand (Scala)
	April (12, 17, 23, 25, 27)	DON CARLO (Verdi) A. Votto; M. Ortica, N. Rossi Lemeni, E. Stignani, E. Mascherini, M. Stefanoni, A. Zerbini	Mailand (Scala)
	April (23)– Mai (3)	Aufnahme EMI: NORMA (Bellini) T. Serafin; M. Filippeschi, E. Stignani, N. Rossi Lemeni	Mailand
	Mai (23, 26)	LA FORZA DEL DESTINO (Verdi) F. Ghione; M. Del Monaco, A. Protti, G. Modesti, R. Capecchi	Ravenna (Alighieri)
	Mai (25)– Juni (17)	Aufnahme EMI: I PAGLIACCI (Leoncavallo) T. Serafin; G. Di Stefano, T. Gobbi, G. Panerai, N. Monti	Mailand (Scala)

120

Juli (15, 20, 25)	MEFISTOFELE (Boito) A. Votto; F. Tagliavini, G. Di Stefano (20), N. Rossi Lemeni, D. De Cecco, A. De Cavalieri	Verona (Arena)
August (17–27)	Aufnahme EMI: LA FORZA DEL DESTINO (Verdi) T. Serafin; R. Tucker, C. Tagliabue, N. Rossi Lemeni, E. Nikolai	Mailand (Scala)
August (31)– September (8)	Aufnahme EMI: IL TURCO IN ITALIA (Rossini) G. Gavazzeni; M. Stabile, N. Gedda, N. Rossi Lemeni, F. Calabrese, J. Gardino	Mailand (Scala)
September (15–21)	Aufnahme EMI: Manon Lescaut: *In quelle trine morbide, Sola, perduta* La Bohème: *Sì. Mi chiamano Mimì, Donde lieta* Madama Butterfly: *Un bel dì, Tu! Tu! piccolo iddio* Suor Angelica: *Senza mamma* Gianni Schicchi: *O mio babbino* Turandot: *In questa reggia, Signore, ascolta, Tu che di gel* Adriana Lecouvreur: *Io son l'umile ancella, Poveri fiori* La Wally: *Ebben? Ne'andrò* Andrea Chénier: *La mamma morta* Mefistofele: *L'altra notte* Il barbiere di Siviglia: *Una voce poco fa* Dinorah: *Ombre légère* Lakmé: *Où va la jeune Indoue* I vespri siciliani: *Mercè, dilette amiche* T. Serafin	

	Oktober (6, 9)	LUCIA DI LAMMERMOOR (Donizetti) F. Molinari Pradelli; F. Tagliavini, U. Savarese, S. Maionica	Bergamo (Donizetti)
	November (1, 5)	NORMA (Bellini) N. Rescigno; M. Picchi, G. Simionato, N. Rossi Lemeni	Chicago (Civic Opera)
	November (8, 12)	LA TRAVIATA (Verdi) N. Rescigno; L. Simoneau, T. Gobbi	Chicago (Civic Opera)
	November (15, 17)	LUCIA DI LAMMERMOOR (Donizetti) N. Rescigno; G. Di Stefano, G.G. Guelfi, T. Stewart	Chicago (Civic Opera)
	Dezember (7, 9, 12, 16, 18)	LA VESTALE (Spontini) A. Votto, R: L. Visconti; F. Corelli, E. Stignani, N. Rossi Lemeni	Mailand (Scala)
	Dezember (27)	Konzert: Die Entführung aus dem Serail: *Marten aller Arten* Dinorah: *Ombre légère* Louise: *Depuis le jour* Armida: *D'amore al dolce impero* A. Simonetto; B. Gigli	San Remo (Casino)
1955	Januar (8, 10, 13, 16)	ANDREA CHENIER (Giordano) A. Votto; M. Del Monaco, A. Protti, L. Danieli	Mailand (Scala)
	Januar (22, 25, 27, 30)	MEDEA (Cherubini) G. Santini; F. Albanese, G. Tucci, F. Barbieri, B. Christoff	Rom (Opera)
	Februar (3, 6)	ANDREA CHENIER (Giordano) M. Ortica, G. Taddei	Mailand (Scala)
	März (5, 8, 13, 16, 19,	LA SONNAMBULA (Bellini) L. Bernstein, R: Visconti;	Mailand (Scala)

24, 30) April (12, 24, 27)	C. Valletti, G. Modesti, N. Zaccaria (24, 30), E. Ratti	
April (15, 18, 21, 23) Mai (4)	IL TURCO IN ITALIA (Rossini) G. Gavazzeni, R: Zeffirelli; M. Stabile, C. Valletti, N. Rossi Lemeni, F. Calabrese, J. Gardino	Mailand (Scala)
Mai (28, 31) Juni (5, 7)	LA TRAVIATA (Verdi) C.M. Giulini, R: L. Visconti; G. Di Stefano (28) G. Prandelli, E. Bastianini	Mailand (Scala)
Juni (9–12)	Medea: *Dei tuoi figli* La vestale: *Tu che invoco,* *O nume tutelar, Caro* *oggetto* T. Serafin	Mailand (Scala)
Juni (29)	Konzert RAI: NORMA (Bellini) T. Serafin; M. Del Monaco, E. Stignani, G. Modesti	Rom (RAI)
August (1–6)	Aufnahme EMI: MADAMA BUTTERFLY (Puccini) H. von Karajan; N. Gedda, M. Boriello, L. Danieli	Mailand (Scala)
August (10–24)	Aufnahme: AIDA (Verdi) T. Serafin; R. Tucker, F. Barbieri, T. Gobbi, G. Modesti	Mailand (Scala)
September (3, 16)	Aufnahme: RIGOLETTO (Verdi) T. Serafin; G. Di Stefano, T. Gobbi, N. Zaccaria	Mailand (Scala)
September (29) Oktober (2)	LUCIA DI LAMMERMOOR (Donizetti) H. von Karajan; G. Di Stefano, R. Panerai, N. Zaccaria, G. Zampieri	Berlin (Staatsoper)

Oktober (31) November (2)	I PURITANI (Bellini) N. Rescigno; G. Di Stefano, E. Bastianini, N. Rossi Lemeni	Chicago (Civic Opera)
November (5, 8)	IL TROVATORE (Verdi) N. Rescigno; J. Björling, E. Bastianini, R. Weede, E. Stignani, C. Turner, W. Wildermann	Chicago (Civic Opera)
November (11, 14, 17)	MADAME BUTTERFLY (Puccini) N. Rescigno; G. Di Stefano, R. Weede, E. Alberts, A. Foldi	Chicago (Civic Opera)
1956 Dezember (7, 11, 14, 21, 29) Januar (1, 5, 8)	NORMA (Bellini) A. Votto; M. Del Monaco, G. Simionato, E. Nikolai (29, 8) N. Zaccaria, G. Carturan	Mailand (Scala)
Januar (19, 23, 26, 29) Februar (18, 26)	LA TRAVIATA (Verdi) C.M. Giulini; G. Raimondi, E. Bastianini, G. Taddei (23)	Mailand (Scala)
Februar (16)	IL BARIBERE DI SIVIGLIA (Rossini) C.M. Giulini; L. Alva, T. Gobbi, N. Rossi Lemeni, M. Luise	Mailand (Scala)
Februar (21)	IL BARBIERE DI SIVIGLIA (Rossini) (wie 16. Februar)	Mailand (Scala)
März (3, 6)	IL BARBIERE DI SIVIGLIA (Rossini) (wie Februar, ausgen.: N. Monti, C. Badioli am 6.)	Mailand (Scala)
März (9)	LA TRAVIATA (Verdi) G. Raimondi, C. Tagliabue, A. Tonini	Mailand (Scala)

März (15)	IL BARBIERE DI SIVIGLIA (Rossini) (wie Februar, ausgen.: Monti, Badioli)	Mailand (Scala)
März (22, 24, 27)	LUCIA DI LAMMERMOOR (Donizetti) F. Molinari Pradelli; G. Raimondi, R. Panerai, A. Zerbini	Neapel (San Carlo)
April (14, 18, 21, 25, 27, 29) Mai (6)	LA TRAVIATA (Verdi) C.M. Giulini; G. Raimondi, E. Bastianini, A. Colzani (18)	Mailand (Scala)
Mai (21, 23, 27, 30) Juni (1, 3)	FEDORA (Giordano) G. Gavazzeni, R: T. Pavlova; F. Corelli, A. Colzani, S. Zanolli, P. Montarsolo	Mailand (Scala)
Juni (12, 14, 16)	LUCIA DI LAMMERMOOR (Donizetti) H. von Karajan; G. Di Stefano, R. Panerai, N. Zaccaria	Wien (Staatsoper)
August (3–9)	Aufnahme EMI: IL TROVATORE (Verdi) H. von Karajan; G. Di Stefano, R. Panerai, F. Barbieri	Mailand (Scala)
August (20–25) September (3, 4)	Aufnahme EMI: LA BOHEME (Puccini) A. Votto; G. Di Stefano, R. Panerai, A. Moffo	Mailand (Scala)
September (4, 12)	Aufnahme EMI: UN BALLO IN MASCHERA (Verdi) A. Votto; G. Di Stefano, T. Gobbi, F. Barbieri, E. Ratti	Mailand (Scala)
September (27)	Konzert: La vestale: *Tu che invoco*	Mailand (RAI)

Semiramide: *Bel raggio*
Hamlet: *A vos jeux, mes amis*
I Puritani: *Vieni al tempio*
A. Simonetto

Oktober (29) November (3, 7, 10)	NORMA (Bellini) F. Cleva; M. Del Monaco, F. Barbieri, C. Siepi, J. McCracken	New York (Metropolitan)
November (15, 19)	TOSCA (Puccini) D. Mitropoulos; G. Campora, G. London, F. Corena	New York (Metropolitan)
November (22)	NORMA (Bellini) K. Baum, F. Barbieri, N. Moscona	New York (Metropolitan)
November (25)	Fernsehauftritt: TOSCA (Puccini) bis zum II. Akt D. Mitropoulos; G. London	New York (CBS)
November (27)	NORMA (Bellini) F. Cleva; K. Baum, F. Barbieri, N. Moscona	Philadelphia
Dezember (3, 8, 14, 19)	LUCIA DI LAMMERMOOR (Donizetti) F. Cleva; G. Campora, R. Tucker (19), E. Sordello, F. Valentino, N. Moscona	New York (Metropolitan)
Dezember (17)	Konzert: Il trovatore: *D'amor sull'ali rosee* Norma: *Casta diva* La traviata: *Ah! fors'è lui* Th. Schaefer (Pianist)	Washington (Italienische Botschaft)
1957 Januar (15)	Konzert: La sonnambula: *Ah! non credea* Dinorah: *Ombre légère* Turandot *In questa reggia* Norma: *Casta diva* Il trovatore:	Chicago (Civic Opera)

D'amor sull'ali rosee
Lucia di Lammermoor:
Ardon gli incensi
F. Cleva

Februar (2, 6)	NORMA (Bellini) J. Pritchard; G. Vertecchi, E. Stignani, N. Zaccaria, M. Collier	London (Covent Garden)
Februar (7–14)	Aufnahme EMI: IL BARBIERE DI SIVIGLIA (Rossini) A. Galliera; L. Alva, T. Gobbi, N. Zaccaria, F. Ollendorf, G. Carturan	London (Kingsway Hall)
März (2, 7, 10, 12, 17, 20)	LA SONNAMBULA (Bellini) A. Votto; N. Monti, M. Spina (20), N. Zaccaria, E. Ratti, F. Cossotto	Mailand (Scala)
März (3–9)	Aufnahme EMI: LA SONNAMBULA (Bellini) A. Votto; N. Monti, N. Zaccaria	Mailand (S. Eufemia)
April (14, 17, 20, 24, 27, 30) Mai (5)	ANNA BOLENA (Donizetti) G. Gavazzeni, R: Visconti; G. Simionato, G. Raimondi, N. Rossi Lemeni, G. Carturan	Mailand (Scala)
Juni (1, 3, 5, 10)	IFIGENIA IN TAURIDE (Gluck) N. Sanzogno, R: Visconti; F. Albanese, D. Dondi, A. Colzani, F. Cossotto	Mailand (Scala)
Juni (19)	Konzert: La traviata: *Ah! fors'è lui* Lucia di Lammermoor: *Ardon gli incensi* R. Moralt	Zürich (Tonhalle)
Juni (26)	Konzert: LUCIA DI LAMMERMOOR (Donizetti) T. Serafin; E. Fernandi, R. Panerai, G. Modesti	Rom (RAI)

Juli (4, 6)	LA SONNAMBULA (Bellini) A. Votto; N. Monti, N. Zaccaria, M. Angioletti, F. Cossotto	Köln (Großes Haus)
Juli (9–15)	Aufnahme EMI: TURANDOT (Puccini) T. Serafin; E. Fernandi, E. Schwarzkopf, N. Zaccaria	Mailand (Scala)
Juli (8, 27)	Aufnahme EMI: MANON LESCAUT (Puccini) T. Serafin; G. Di Stefano G. Fioravanti, F. Calabrese	Mailand (Scala)
August (5)	Konzert: Il trovatore: *D'amor sull'ali rosee* La forza del destino: *Pace, pace* Hamlet: *A vos jeux, mes* *amis* Tristan und Isolde: *Liebestod* Lucia di Lammermoor: *Regnava nel silenzio* A. Votto	Athen
August (19, 21, 26, 29)	LA SONNAMBULA (Bellini) A. Votto; N. Monti, N. Zaccaria, E. Martelli, F. Cossotto	Edinburgh
September (12–19)	Aufnahme *Ricordi*: MEDEA (Cherubini) T. Serafin; M. Picchi, R. Scotto, M. Pirazzini, G. Modesti	Mailand (Scala)
November (21)	Konzert: Die Entführung aus dem Serail: *Martern aller Arten* I Puritani: *Qui la voce* Macbeth: *Vieni! t'affretta!* La traviata: *Ah! fors'è lui* Anna Bolena: *Al dolce* *guidami* N. Rescigno	Dallas (State Fair Music Hall)

Dezember (7, 10, 16, 19, 22)	UN BALLO IN MASCHERA (Verdi) G. Gavazzeni, R: M. Wallmann; G. Di Stefano, E. Bastianini, R. Roma (bis 22), G. Simionato, E. Ratti	Mailand (Scala)
Dezember (31)	RAI, TV: Norma: *Casta diva* G. Santini	Rom (RAI)
1958 Januar (2)	NORMA (Bellini) I. Akt G. Santini, R: Wallmann; F. Corelli, M. Pirazzini, G. Neri	Rom (Opera)
Januar (22)	Konzert: Don Giovanni: *Non mi dir* Macbeth: *Vieni! t'affretta!* Il barbiere di Siviglia: *Una voce poco fa* Mefistofele: *L'altra notte* Hamlet: *A vos jeux, mes amis* Nabucco: *Anch'io dischiuso* N. Rescigno	Chicago (Civic Opera)
Februar (6, 10)	LA TRAVIATA (Verdi) F. Cleva; D. Barioni, G. Campora, M. Zanasi	New York (Metro- politan)
Februar (13, 20, 25)	LUCIA DI LAMMERMOOR (Donizetti) F. Cleva; C. Bergonzi, E. Fernandi (25), M. Sereni, N. Moscona, N. Scott, G. Tozzi	New York (Metro- politan)
Februar (28) März (5)	TOSCA (Puccini) D. Mitropoulos; R. Tucker W. Cassel, G. London, E. Flagello	New York (Metropolitan)
März (24)	Konzert: Norma: *Casta diva*	Madrid (Monumental)

	Il trovatore: *D'amor sull'ali rosee* Mefistofele: *L'altra notte* Hamlet: *A vos jeux, mes* *amis* G. Morelli	
März (27, 30)	LA TRAVIATA (Verdi) F. Ghione; A. Kraus, M. Sereni, L. Zannini	Lissabon (San Carlo)
April (9, 13, 16, 19, 23)	ANNA BOLENA (Donizetti) G. Gavazzeni; G. Simionato, G. Raimondi, C. Siepi, G. Carturan	Mailand (Scala)
Mai (19, 22, 25, 28, 31)	IL PIRATA (Bellini) A. Votto, R: F. Enriquez; F. Corelli, E. Bastianini	Mailand (Scala)
Juni (10)	Konzert: I Puritani: *Qui la voce* J. Pritchard; J. Shaw, F. Robinson	London (Covent Garden)
Juni (17)	Fernsehauftritt: Tosca: *Vissi d'arte* Il barbiere di Siviglia: *Una voce poco fa* J. Pritchard	London (Chelsea Empire)
Juni (20, 23, 26, 28, 30)	LA TRAVIATA (Verdi) N. Rescigno, R: F. Zeffirelli; C. Valletti, M. Zanasi, D. Kelly, M. Collier	London (Covent Garden)
September (23)	Fernsehauftritt: Madama Butterfly: *Un bel di* Norma: *Casta diva* J. Pritchard	London (BBC)
September (19–25)	Aufnahme EMI: Macbeth: *Vieni! t'affretta!* *La luce langue, Una macchia* Nabucco: *Anch'io dischiuso* Ernani: *Ernani, involami* Don Carlo: *Tu che le vanità*	London (Kingsway Hall)

Anna Bolena: *Al dolce guidami*
Hamlet: *A vos jeux, mes amis*
Il pirata: *Col sorriso*
N. Rescigno; M. Sinclair, J. Lanigan, J. Rouleau

Konzerte:		
Oktober (11)	La vestale: *Tu che invoco*	Birmingham
(14)	Macbeth: *Vieni! t'affretta!*	Atlanta
(17)	Il barbiere di Siviglia:	Montreal
(21)	*Una voce poco fa*	Toronto
	Mefistofele: *L'altra notte*	
	La Bohème: *Quando me'n vo*	
	Hamlet: *A vos jeux, men amis*	
	N. Rescigno	
Oktober (31)	LA TRAVIATA (Verdi)	Dallas
November (2)	N. Rescigno; N. Filacuridi	
	G.Taddei, P. Montarsolo,	
	J. Raskin	
November (6, 8)	MEDEA (Cherubini)	Dallas
	N. Rescigno,	
	R: A. Minotis; J. Vickers,	
	E. Carron, T. Berganza,	
	N. Zaccaria	
November (15)	Konzerte	Cleveland
(18)	(wie Oktober)	Detroit
(22)		Washington
(26)		San Francisco
(29)		Los Angeles
Dezember (19)	Konzert:	Paris (Opéra)
	Norma: *Casta diva*	
	Il trovatore: *Dall'amor sull'ali rosee, Miserere*	
	Il barbiere di Siviglia: *Una voce poco fa*	
	Tosca: II. Akt	
	A. Lance, T. Gobbi, J. Mars; Sebastian	
1959 Januar (11)	Konzert:	Saint Louis
	(wie Dezember)	
	N. Rescigno	

Januar (24)	Konzert:	Philadelphia
	Mefistofele: *L'altra notte*	
	Il barbiere di Siviglia:	
	Una voce poco fa	
	Hamlet: *A vos jeux, mes*	
	amis	
	E. Ormandy	
Januar (27)	Konzert:	New York
	IL PIRATA (Bellini)	(Carnegie Hall)
	N. Rescigno;	
	P. Miranda-Ferraro, C. Ego,	
	R. Sarfaty, G. Peterson	
Januar (29)	Konzert:	Washington
	IL PIRATA (Bellini)	
	(wie 27. Januar)	
März (16–21)	Aufnahme EMI:	London
	LUCIA DI LAMMERMOOR	(Kingsway Hall)
	(Donizetti)	
	T. Serafin; F. Tagliavini,	
	P. Cappuccilli, B. Ladysz,	
	M. Elkins, R. Casellato	
Mai (2)	Konzert:	Madrid
	Don Giovanni: *Non mi dir*	(Zarzuela)
	Macbeth: *Vieni! t'affretta!*	
	Semiramide: *Bel raggio*	
	La Gioconda: *Suicidio*	
	N. Rescigno	
Mai (5)	Konzert:	Barcelona
	Don Carlo: *Tu che le vanità*	(Liceo)
	Mefistofele: *L'altra notte*	
	Il barbiere di Siviglia:	
	Una voce poco fa	
	Tosca: *Vissi d'arte*	
	La Bohème: *Quando me'n vo*	
	N. Rescigno	
Konzerte:		
Mai (15)	La vestale: *Tu che invoco*	Hamburg
(19)	Macbeth: *Vieni! t'affretta!*	Stuttgart
(21)	Il barbiere di Siviglia:	München
(24)	*Una voce poco fa*	Wiesbaden
	Don Carlo: *Tu che le vanità*	
	Il pirata: *Col sorriso*	
	N. Rescigno	

Juni (17, 22, 24, 27, 30)	MEDEA (Cherubini) N. Rescigno; J. Vickers, J. Carlyle, F. Cossotto, N. Zaccaria	London (Covent Garden)
Konzerte: Juli (11) (14)	La vestale: *Tu che invoco* Ernani: *Ernani, involami* Don Carlo: *Tu che le vanità* Il pirata: *Col sorriso* N. Rescigno	Amsterdam (Concertgebouw) Brüssel (Théâtre de la Monnaie)
September (5–10)	Aufnahme EMI: LA GIOCONDA (Ponchielli) A. Votto; P. Miranda-Ferraro, F. Cossotto, P. Cappuccilli, I. Companeez, I. Vinco	Milano (Scala)
September (17)	Konzert: Don Carlo: *Tu che le vanità* Hamlet: *A vos jeux, mes amis* Ernani: *Ernani, involami* Il pirata: *Col sorriso* N. Rescigno	Bilbao (Coliseo)
September (23)	Konzert: Don Carlo: *Tu che le vanità* Il pirata: *Col sorriso* Hamlet: *A vos jeux, mes amis* Macbeth: *Una macchia* N. Rescigno	London (Royal Festival Hall)
Oktober (13)	Fernsehauftritt: La Bohème: *Si. Mi chiamano Mimi* Mefistofele: *L'altra notte* M. Sargent	London (BBC)
Oktober (23)	Konzert: Don Giovanni: *Non mi dir* Ernani: *Ernani, involami* Don Carlo: *Tu che le vanità* Hamlet: *A vos jeux, mes amis* N. Rescigno	Berlin (Titania)

	Oktober (28)	Konzert: Don Giovanni: *Non mi dir* Lucia di Lammermoor: *Regnava nel silenzio* Ernani: *Ernani, involami* Il pirata: *Col sorriso* N. Rescigno	Kansas City (Loew's Midland Theater)
	November (6, 8)	LUCIA DI LAMMERMOOR (Donizetti) N. Rescigno; G. Raimondi, E. Bastianini, N. Zaccaria, G. Peterson	Dallas
	November (19, 21)	MEDEA (Cherubini) N. Rescigno; J. Vickers, N. Williams, N. Merriman, N. Zaccaria	Dallas
1960	Juli	Konzert: Semiramide: *Bel raggio* *lusinghier* Armida: *D'amor al dolce* *imperio* I vespri siciliani: *Arrigo! Ah parli* A. Tonini	London (Town Hall)
	August (24, 28)	NORMA (Bellini) T. Serafin; M. Picchi, K. Morfonioù, F. Mazzoli	Epidauros
	September (5–12)	Aufnahme EMI: NORMA (Bellini) T. Serafin; F. Corelli, C. Ludwig, N. Zaccaria	Mailand (Scala)
	Dezember (7, 10, 14, 18, 21)	IL POLIUTO (Donizetti) A. Votto; A. Tonini (21); F. Corelli, E. Bastianini, N. Zaccaria	Mailand (Scala)
1961	März (28–31)	Aufnahme: Orphée et Eurydice: *J'ai perdu mon Eurydice* Alceste: *Divinités du Styx* Carmen: Habanera, Seguidilla	Paris

Samson et Dalila:
Printemps qui commence
Amour! viens aider
Romeo et Juliette:
Je veux vivre
Mignon: *Je suis Titania*
Le Cid: *Pleurez, mes yeux*
Louise: *Depuis le jour*
G. Prêtre

	Mai (30)	Konzert: Norma: *Casta diva* Le Cid: *Pleurez, mes yeux* Don Carlo: *Tu che le vanità* Mefistofele: *L'altra notte* M. Sargent (Klavier)	London (St. James's Palace)
	August (6, 13)	MEDEA (Cherubini) N. Rescigno; J. Vickers, K. Morfoniou, G. Modesti	Epidauros
	November (15)	Aufnahme EMI: Il pirata: *Sorgete, è in* *me dover* A. Tonini; A. Young	London (Kingsway Hall)
	Dezember (11, 14, 20)	MEDEA (Cherubini) T. Schippers, R: Minotis; J. Vickers, I. Tosini, B. Rizzoli, G. Simionato, N. Ghiaurov	Mailand (Scala)
1962	Februar (27)	Konzert: Don Carlo: *O don fatale* Le Cid: *Pleurez, mes yeux* La cenerentola: *Nacqui* *all'affanno* Anna Bolena: *Al dolce* *guidami* Macbeth: *La luce langue* Oberon: *Ocean, thou mighty* *monster* G. Prêtre	London (Royal Festival Hall)
	Konzerte: März (12) (16)	Don Carlo: *O don fatale* Le Cid: *Pleurez, mes yeux* La cenerentola: *Nacqui*	München (Deut- sches Museum) Hamburg

		all'affanno	(Musikhalle)
	(19)	Carmen: Habanera, Seguidilla	Essen (städtischer Saalbau)
	(23)	Ernani: *Ernani, involami* G. Prêtre	Bonn (Beethovenhalle)
	April	Cenerentola, Oberon, Don Carlo A. Tonini	London (Kingsway Hall)
	Mai (19)	Konzert: (zum Geburtstag von John F. Kennedy) Carmen: Habanera, Seguidilla Ch. Wilson (Klavier)	New York (Madison Square Garden)
	Mai (29)	MEDEA (Cherubini)	Mailand (Scala)
	November (4)	Fernsehauftritt: Don Carlo: *Tu che le vanità* Carmen: Habanera, Seguidilla G. Prêtre	London BBC (Covent Garden)
1963	Mai (3–8)	Aufnahme EMI: Iphénie en Tauride: *O malheureuse Iphigénie* La damnation de Faust: *D'amour l'ardente flamme* Le pecheurs de perles: *Comme autrefois* Manon: *Adieu, notre petite table, Je marche sur tous les chemins* Werther: *Air des lettres* Faust: *Il était un roi* G. Prêtre	Paris (Wagram)
	Konzerte: Mai (17)	Semiramide: *Bel raggio* Norma: *Casta diva*	Berlin (Deutsche Oper)
	(20)	Nabucco: *Anch'io dischiuso* La Bohème: *Quando me'n vo*	Düsseldorf (Rheinhalle)
	(23)	Madama Butterfly: *Tu! Tu! piccolo iddio*	Stuttgart (Liederhalle)
	(31)	Gianni Schicchi: *O mio babbino* G. Prêtre	London (Royal Festival Hall)

	Juni (5)	Konzert:
		   Semiramide: *Bel raggio*
		   La cenerentola: *Nacqui*
		   all'affanno
		   Werther: *Air des lettres*
		   Manon: *Adieu, notre petite*
		   table
		   Nabucco: *Anch'io dischiuso*
		   La Bohème: *Quando me'n vo*
		   Madama Butterfly: *Tu! Tu!*
		   piccolo iddio
		   Gianni Schicchi: *O mio*
		   babbino
		   G. Prêtre
			Paris
			(Champs Elysées)

	Juni (9)	Konzert: (Programm wie 5. Juni)	Kopenhagen (Fal- koner Centret)
	Dezember (6)	Aufnahme EMI: Beethoven: *Ah, perfido*	Paris (Wagram)
1964	Januar (8)	Don Giovanni: *Or sai chi* *l'onore, Non mi dir,* *Mi tradi* Le nozze di Figaro: *Porgi amor* beron: *Ocean, thou mighty* *monster* Otello: *Salce, salce* *Ave Maria* Aroldo: *Ah! dagli scanni* *Salvami, salvami* Don Carlo: *O don fatale* *Non pianger, mia compagna* La cenerentola: *Nacqui* *all'affanno* Guglielmo Tell: *Selva opaca* Semiramide: *Bel raggio* N. Rescigno	
	Januar (21, 24, 27, 30) Februar (1, 5, 9)	TOSCA (Puccini) C.F. Cillario, R: F. Zeffirelli; R. Cioni, T. Gobbi Fernsehübertragung (nur II. Akt)	London (Covent Garden)
	Februar (20) –März (24)	Aufnahme EMI: La figlia del reggimento:	Paris (Opéra)

Convien partir
Lucrezia Borgia: *Com'è bello*
L'elisir d'amore:
Prendi, per me
Attila: *Liberamente or piangi*
I vespri siciliani:
Arrigo! ab parli
I Lombardi: *O madre, dal cielo*
Un ballo in maschera:
Ma dall'arido
Aida: *Ritorna vincitor*
N. Rescigno

	Mai (22, 25, 31) Juni (6, 10, 14, 19, 24)	NORMA (Bellini) G. Prêtre, R: F. Zeffirelli; C. Craig, F. Corelli (6, 10), F. Cossotto, I. Vinco, M.-L. Bellary, C. Calès	Paris (Opéra)
	Juni	AIDA (Verdi) G. Prêtre; Duette mit F. Corelli	Paris (Wagram)
	Juli (6–20)	Aufnahme EMI: CARMEN (Bizet) G. Prêtre; N. Gedda, R. Massard, A. Guiot, N. Sautereau, J. Berbié, J. Mars, C. Calés	Paris (Wagram)
	Dezember (3–14)	Aufnahme EMI: TOSCA (Puccini) G. Prêtre; C. Bergonzi, T. Gobbi	Paris (Wagram)
1965	Februar (19, 22, 26) März (1, 3, 5, 8, 10, 11)	TOSCA (Puccini) G. Prêtre, N. Rescigno (13, 3), R: F. Zeffirelli; R. Cioni, T. Gobbi, R. Geay, J.-C. Benoît, L. Rialland, R. Soyer, P. Thau, J. Broudeur	Paris (Opéra)
	März (19, 25)	TOSCA (Puccini) F. Cleva; F. Corelli, R. Tucker, T. Gobbi	New York (Metropolitan)

März (14, 17, 21, 24, 29) (Die letzte Vorstellung wurde vor dem letzten Akt abgebrochen)	NORMA (Bellini) G. Prêtre; G.F. Cecchele, G. Simionato/F. Cossotto, I. Vinco, M.-L. Bellary, C. Calès	Paris (Opéra)
Mai (18)	Fernsehauftritt: Manon: *Adieu, notre petite table* La sonnambula: *Ah! non credea* Gianni Schicchi: *Oh mio babbino* (Duparc: *Invitation au voyage*) G. Prêtre (Ausstrahlungen am 18. 5. 1965 und 23. 10. 1977)	Paris (ORTF)
Juli (5)	TOSCA (Puccini) Galavorstellung (königl. Familie) Prêtre; R. Cioni, T. Gobbi	London (Covent Garden)
1969	Februar –März	Lombardi, Vespri siciliani, Attila, Corsaro N. Rescigno Ausstrahlung am 20. 9. 1977	Paris
	Juni - Juli	Film von P. Paolo Pasolini	Ankara, Aleppo, Grado,Pisa, Rom
1971	Januar	Meisterkurse	Philadelphia
	Februar	Meisterkurse	New York (Juilliard School)
1972	Februar –März	Meisterkurse	New York (Juilliard School)
	November (30)	Don Carlo, La forza del destino, Otello, I vespri	

Dezember (20)		siciliani, Elisir d'amore, Aida (unvollendet) A. De Almeida; Duette mit G. Di Stefano
1973	März–April	I VESPRI SICILIANI (Verdi) Turin (Regio) zur Eröffnung des Teatro Regio Regie zusammen mit G. Di Stefano
1973–1974		Konzerttourneen mit di Stefano Klavierbegleitung: I. Newton, R. Sutherland, V. Devetzi

Hamburg (25/10), Berlin (29/10), Düsseldorf (2/11), München (6/11), Frankfurt (9/11), Mannheim (12/11), Madrid (20/11), London (26/11, 2/12), Paris (8/12), Amsterdam (11/12), Mailand (Krebsforschungsinstitut) (20/1/74), Stuttgart (23/1, zum Teil abgesagt), Philadelphia (11/2), Toronto (21/2), Washington (24/2), Boston (27/2), Chicago (2/3), New York (5/3), Detroit 9/3), Dallas (12/3), Miami (21/3), Columbus Ohio (4/4), Brooville (9/4), New York (15/4), Cincinnati (18/4), Seattle (24/4), Portland (27/4), Vancouver (1/5), Los Angeles (5/5), San Francisco (9/5), Montreal (13/5), Seoul (5 und 8/10), Tokio (12 und 19/10), Fukuoka (24/10), Tokio (27/10), Osaka (2/11), Hiroshima (7/11), Sapporro (11/11)

Aus folgender Liste wurden für jedes Konzert Arien und Duette neu gewählt.

Arien: Le Cid: *Pleurez, mes yeux*; Carmen: *Habanera*; La gioconda: *Suicidio*; Mefistofele: *L'altra notte in fondo al mare*; Don Carlo: *Non pianger, Tu che le vanità*; I vespri siciliani: *Bolero*; Gianni Schicchi: *O mio babbino caro*; La Bohème: *Quando me'n vo*; Manon Lescaut: *In quelle trine morbide, Sola, perduta, abbandonata*. Später kamen folgende Arien dazu: Cavalleria rusticana: *Voi lo sapete*; Tosca: *Vissi d'arte*; Werther: Briefszene; Manon: *Adieu, notre petite table*.

Duette: Faust: *Laisse-moi*; Carmen: *C'est toi, c'est moi*; L'elisir d'amore: *Una parola, o Adina*; La forza del destino: *Ah! per sempre*; Don Carlo: *Io vengo a domandar*; Cavalleria rusticana: *Tu qui Santuzza?*; I vespri siciliani: *Quale o prode*.

DISKOGRAPHIE

GA = Gesamtaufnahme   Q = Querschnitt

1949

1   PUCCINI: **Turandot**. Arizmendi (Liù), Mario del Monaco (Calaf), Zanin (Timur). Tullio Serafin, Dirigent. Aufführung vom 20. Mai 1949, Teatro Colón, Buenos Aires.

2   BELLINI: **Norma**. Fedora Barbieri (Adalgisa), Vella (Pollione), Nicola Rossi Lemeni (Oroveso). Tullio Serafin, Dirigent. Aufführung vom 17. Juni 1949, Teatro Colón, Buenos Aires.

3   BELLINI: **I Puritani**: *Qui la voce*; **Norma**: *Casta diva*; WAGNER: **Tristan und Isolde**: *Liebestod*. Orchester: RAI, Turin; Arturo Basile, Dirigent. (Aufgenommen vom 8. bis 10. November 1949 für Cetra, auf den Nummern 20483, 20482 und 20481. LP wiederveröffentlicht: **Puritani** auf Everest-Cetra 3293 und 3259, OASI 532, Vox THS 65125. **Norma** auf FWR 646, Morgan A 006, OASI 532, BJR 143. **Tristan** auf Everest-Cetra 3259, Morgan A 006, OASI 532, Vox THS 65125.)

4   VERDI: **Nabucco**. Gino Bechi (Nabucco), Amalia Pini (Fenena), Gino Sinimberghi (Ismaele), Luciano Neroni (Zaccaria), Iginio Ricco (Hoher Priester), Luciano della Pergola (Abdallo), Silvana Tenti (Anna). Vittorio Gui, Dirigent. Aufführung vom 20. Dezember 1949, Teatro San Carlo, Neapel. (ERR 114-3, EA 026, Cetra LO-16, Vox THS 65137/39. Ausschnitte auf FWR 653, Penzance 3. Terzett 1. Akt und *Anch'io dischiuso* auf HRE-219.)

1950

5   BELLINI: **Norma**. Kurt Baum (Pollione), Giulietta Simionato (Adalgisa), Nicola Moscona (Oroveso), Concha de los Santos (Clotilde), Carlos Sagarminaga (Flavio). Guido Picco, Dirigent. Aufführung vom 23. Mai 1950, Palacio de las Bellas Artes, Mexico-City. (HRE-252. *Casta diva* auf HRE-219. *In mia man* bis zum Ende des IV. Aktes auf Cetra LO-62.)

6   VERDI: **Aida**. Kurt Baum (Radames), Giulietta Simionato (Amneris), Robert Weede (Amonasro), Ignacio Ruffino (König), Nicola Moscona (Ramphis), Carlos Sagarminaga (Bote), Rosa Rodriguez (Priesterin). Guido Picco, Dirigent. Aufführung vom 30. Mai 1950, Palacio de las Bellas Artes, Mexico City. (UORC 200. Finale des II. Aktes auf FWR 656, Duett des II. Aktes auf HRE-209, *O patria mia* auf HRE-219. III. Akt auf HRE-262.)

7   PUCCINI: **Tosca**. Mario Filippeschi (Cavaradossi), Robert Weede (Scarpia), Gilberto Cerda (Angelotti), Francisco Alonso (Sciarrone), Carlos Sagarminaga (Spoletta), Concho de los Santos (Hirte). Umberto Mugnai, Dirigent. Aufführung vom 8. Juni 1950. Palacio de las Bellas Artes, Mexico City. (UORC 184, HRE-211.)

8 VERDI: **Il Trovatore**. Kurt Baum (Manrico), Giulietta Simionato (Azucena), Leonard Warren (Graf Luna), Nicola Moscona (Ferrando), Carlos Sagarminaga (Ruiz), Ana Maria Feuss (Inez). Guido Picco, Dirigent. Aufführung vom 20. Juni 1950, Palacio de las Bellas Artes, Mexico City. (HRE-207. Ausschnitte auf BJR 102, FWR 651; (mit Ausschnitten der Aufführung vom 27. Juni 1950 mit Ivan Petroff anstelle von Warren;) *Tacea la notte, D'amor sull'ali rosee* und *Miserere* auf Cetra LO-62.)

9 VERDI: **Aida**. Ebe Stignani (Amneris), Mirto Picchi (Radames), Raffaele de Falchi (Amonasro), Augusto Romani (Ramphis), Anna Marcangeli (Priesterin). Vincenzo Bellezza, Dirigent. Aufführung vom 2. Oktober 1950, Teatro dell'Opera, Rom. (III. Akt auf MPV-3.)

10 WAGNER: **Parsifal**. Africo Baldelli (Parsifal), Boris Christoff (Gurnemanz), Rolando Panerai (Amfortas), Dimitri Lopatto (Titurel), Giuseppe Modesti (Klingsor), Aldo Bertocci und Mario Frosini (Knappen) und Lina Pagliughi, Renata Broilo, Anna Maria Canali, Liliana Rossi, Silvana Tenti, Miti Truccato Pace (Blumenmädchen). Vittorio Gui, Dirigent. Konzertante Aufführung vom 20. und 21. November 1950, RAI, Rom. (FWR 648. Ausschnitte auf HRE-222. Nur Akt II auf Penzance 10.)

1951

11 VERDI: **Il Trovatore**. Giacomo Lauri-Volpi (Manrico), Cloe Elmo (Azucena), Paolo Silveri (Graf Luna), Italo Tajo (Ferrando), Teresa de Rosa (Inez), Luciano della Pergola (Ruiz), Gerardo Gaudioso (Zigeuner), Gianni Avolanti (Bote). Tullio Serafin, Dirigent. Aufführung vom 27. Januar 1951, Teatro San Carlo, Neapel. (FWR 654, UORC 304, EA 025, Cetra LO-29, RR-473. *Tacea la notte*, auf HRE-219.)

12 VERDI: **Un Ballo in Maschera**: *Ma dall'arido stelo*. THOMAS: **Mignon**: *Je suis Titania*. PROCH: *Deh! torna, mio ben*. Manno Wolf-Ferrari, Dirigent. Konzert vom 12. März 1951, RAI, Turin. (**Ballo** auf Tima 16. Proch auf HRE-7.)

13 VERDI: **I Vespri Siciliani**. Giorgio Kokolios-Bardi (Arrigo), Enzo Mascherini (Monforte), Boris Christoff (Procida), Bruno Carmassi (Bethune), Mario Frosini (Vaudemont), Mafalda Masini (Ninetta), Gino Sarri (Danieli), Aldo de Paoli (Tebaldo), Lido Pettini (Roberto), Benno Ristori (Manfredo). Erich Kleiber, Dirigent. Aufführung vom 26. Mai 1951, Teatro Comunale, Florenz. (FWR 645, MRF-46, Penzance 6, EA 018, Cetra LO-5, Vox THS 65134/36.)

14 VERDI: **Aida**. Mario del Monaco (Radames), Oralia Dominguez (Amneris), Giuseppe Taddei (Amonasro), Ignacio Ruffino (König), Roberto Silva (Ramphis), Carlos Sagarminaga (Bote), Rosa Rodriguez (Priesterin). Oliviero de Fabritiis, Dirigent. Aufführung vom 3. Juli 1951, Palacio de las Bellas Artes, Mexico City. (BJR 104, MRF-21, Cetra LO-40, EA 001. *Ritorna vincitor* und Finale des II. Aktes auf FWR 656.)

15 VERDI: **La Traviata**. Cesare Valletti (Alfredo), Giuseppe Taddei (Germont), Luz Maria Farian (Flora), Gilberto Cerda (Baron Duphol, Ignacio Ruffino (Dr. Grenvil), Carlos Sagarminaga (Gastone), Cristina Giron (Annina), Francisco Alonso (D'Obigny). Oliviero de Fabritiis, Dirigent. Aufführung vom 17. Juli 1951, Palacio de las Bellas Artes, Mexico City. (HRE 220. *Ah! fors'è lui...Sempre libera, Addio del*

passato auf FWR 650, *Libiamo, Un dì felice, Ah! fors'è lui...Sempre libera, Addio del passato* auf BJR 130 und Cetra LO-62.)

16 PUCCINI: **Tosca**. Gianni Poggi (Cavaradossi), Paolo Silveri (Scarpia), Gino del Signore (Spoletta), Giulio Neri (Angelotti), Guilherme Damiano (Mesner), Anna Maria Canali (Hirte). Antonino Votto, Dirigent. Aufführung vom 24. September 1951, Teatro Municipal, Rio de Janeiro. (Ausschnitte auf Penzance 11. *Vissi d'arte* und *Il tuo sangue* auf HRE-219.)

1952

17 VERDI: **Macbeth**: *Vieni! t'affretta!* DONIZETTI: **Lucia di Lammermoor**: *Ardon gl'incensi.* VERDI: **Nabucco**: *Anch'io dischiuso.* DELIBES: **Lakmé**: *Où va la jeune Indoue.* Oliviero de Fabritiis, Dirigent. Konzert vom 18. Februar 1952, RAI, Turin. (BJR 143. **Macbeth** auf FWR 655, HRE-219, Opera Viva JLT-1, Gemma WK-1001, Morgan A006, **Lakmé** auf Limited Edition Recordings 100, HRE-219.)

18 ROSSINI: **Armida**. Francesco Albanese (Rinaldo), Alessandro Ziliani (Goffredo), Antonio Salvarezza (Eustazio), Mario Filippeschi (Gernando und Ubaldo), Gianni Raimondi (Carlo), Mario Frosini (Idraotte), Marco Stefanoni (Astarotte). Tullio Serafin, Dirigent. Aufführung vom 26. April 1952, Teatro Comunale, Florenz. (FWR 657, Penzance 24, Morgan 5202, HOPE 224, Cetra LO-39. Quartett des I. Akts auf FWR 656.)

19 BELLINI: **I Puritani**. Giuseppe di Stefano (Arturo), Piero Campolonghi (Riccardo), Roberto Silva (Giorgio), Ignacio Ruffino (Gualtiero), Tanis Lugo (Bruno), Rosa Rimoch (Enrichetta). Guido Picco, Dirigent. Aufführung vom 29. Mai 1952, Palacio de las Bellas Artes, Mexico City. (MRF-28, UORC 191, Cetra LO-52, EA 028. Ausschnitte bei ERR-148.)

20 VERDI: **La Traviata**. Giuseppe di Stefano (Alfredo), Piero Campolonghi (Germont), Christina Trevi (Flora), Ignacio Ruffino (Dr. Grenvil), Gilberto Cerda (Baron Duphol), Edna Patoni (Annina), Francisco Tortolero (Gastone), Alberto Herrera (D'Obigny). Umberto Mugnai, Dirigent. Aufführung vom 3. Juni 1952, Palacio de las Bellas Artes, Mexico City. (UORC 181, BJR 130. Ausschnitte auf ERR-148.)

21 DONIZETTI: **Lucia di Lammermoor**. Giuseppe di Stefano (Edgardo), Piero Campolonghi (Enrico), Roberto Silva (Raimondo), Carlo del Monte (Arturo), Anna Maria Feuss (Alisa), Francisco Tortolero (Normanno). Guido Picco, Dirigent. Aufführung vom 10. Juni 1952, Palacio de las Bellas Artes, Mexico City. (HRE-256, FWR 650. Ausschnitte auf ERR-148. *Regnava nel silenzio* und Wahnsinnsszene auf Cetra LO-62.)

22 VERDI: **Rigoletto**. Giuseppe di Stefano (Herzog), Piero Campolonghi (Rigoletto), Ignacio Ruffino (Sparafucile), Maria Teresa Garcia (Maddalena), Gilberto Cerda (Monterone), Ana Maria Feuss (Giovanna), Edna Patoni (Gräfin Ceprano), Francisco Alonso (Graf Ceprano). Umberto Mugnai, Dirigent. Aufführung vom 17. Juni 1952, Palacio de las Bellas Artes, Mexico City. (BJR 101, Cetra LO-37. Ausschnitte auf ERR-148.)

23 PUCCINI: **Tosca**. Giuseppe di Stefano (Cavaradossi), Piero Campolonghi (Scarpia), Gilberto Cerda (Angelotti), Francisco Alonso (Mesner und Sciarrone), Carlos Sagarminaga (Spoletta), Luz Maria Faran (Hirte). Guido Picco, Dirigent. Aufführung

vom 1. Juli 1952, Palacio de las Bellas Artes, Mexico City. (Cetra LO-41, Morgan 5201.)

24 PONCHIELLI: **La Gioconda**. Fedora Barbieri (Laura), Maria Amadini (La Cieca), Gianni Poggi (Enzo), Paolo Silveri (Barnaba), Giulio Neri (Alvise), Piero Poldi (Zuane), Armando Benzi (Isepo). Chor und Orchester der RAI, Turin. Antonino Votto, Dirigent. (Aufgenommen im September 1952 für Cetra und herausgegeben auf LPC 1241. Neuausgabe auf Everest-Cetra S-419/3, Vox THS 65051/3. Ausschnitte auf Everest-Cetra 7419, Pickwick S-4048. Auszüge auf Everest-Cetra 3169. *Suicidio* auf Vox THS 65125.)

25 BELLINI: **Norma**. Mirto Picchi (Pollione), Ebe Stignani (Adalgisa), Giacomo Vaghi (Oroveso), Joan Sutherland (Clotilde), Paul Asciak (Flavio). Vittorio Gui, Dirigent. Aufführung vom 8. November 1952, Royal Opera House Covent Garden, London. (OMY-6200, MRF-11, EA 021.)

26 VERDI: **Macbeth**. Enzo Mascherini (Macbeth), Italo Tajo (Banco), Gino Penno (Macduff), Luciano della Pergola (Malcolm), Angela Vercelli (Hofdame), Attilio Barbesi (Diener), Mario Tommasini (Mörder), Ivo Vinco (Herold), Dario Caselli (Arzt). Victor de Sabata, Dirigent. Aufführung vom 7. Dezember 1952, Teatro alla Scala, Mailand. (FWR 655, BJR 117, MRF-61, Opera Viva JLT-3, EA 005, Cetra LO-10, IGI-287, Vox THS 65131/33. *Brindisi* auf Opera Viva JLT-1, Gemma WK-1001.)

1953

27 DONIZETTI: **Lucia di Lammermoor**. Giuseppe di Stefano (Edgardo), Tito Gobbi (Enrico), Raffaele Arié (Raimondo), Valiano Natali (Arturo), Anna Maria Canali (Alisa), Gino Sarri (Normanno). Chor und Orchester des Maggio Musicale Fiorentino. Tullio Serafin, Dirigent. (Aufgenommen in Florenz, Februar 1953 für EMI, herausgegeben auf Columbia CX 1131, Angel 3503. Neuausgabe auf Seraphim 6032. *GA 137-00942/43 M.*)

28 VERDI: **Il Trovatore**. Ebe Stignani (Azucena), Gino Penno (Manrico), Carlo Tagliabue (di Luna), Giuseppe Modesti (Ferrando), Ebe Ticozzi (Inez), Mariano Caruso (Ruiz), Carlo Forti (Zigeuner), Angelo Mercuriali (Bote). Antonino Votto, Dirigent. Aufführung vom 23. Februar 1953, Teatro alla Scala, Mailand. (Robin Hood 500, MRF-78, Vox THS 65140/41, Cetra LO-35. *D'amor sull'ali rosee* auf HRE-219.)

29 BELLINI: **I Puritani**. Giuseppe di Stefano (Arturo), Rolando Panerai (Riccardo), Nicola Rossi-Lemeni (Giorgio), Carlo Forti (Gualtiero), Angelo Mercuriali (Bruno), Aurora Cattelani (Enrichetta). Chor und Orchester des Teatro alla Scala, Mailand. Tullio Serafin, Dirigent. Aufgenommen in Mailand, vom 24. bis 30. März 1953 für EMI, herausgegeben auf Columbia CS 1058, Angel 3502. *Qui la voce* auf Angel S-3743 und 35304. *Nel mirarti* auf Angel 36940. *Son vergine vezzosa* auf Angel 3841. *GA 3C 163-00 406/08 M. Q 3C 063-01510 M.*)

30 VERDI: **Aida**. Kurt Baum (Radames), Jess Walters (Amonasro) Giulietta Simionato (Amneris), Giulio Neri (Ramphis), Joan Sutherland (Priesterin). Sir John Barbirolli, Dirigent. Aufführung vom 10. Juni 1953, Royal Opera House, Covent Garden, London. (III. Akt auf FWR 646, Robin Hood 500.)

31 MASCAGNI: **Cavalleria Rusticana**. Giuseppe di Stefano (Turiddu), Rolando Panerai (Alfio), Anna Maria Canali (Lola), Ebe Ticozzi (Mama Lucia). Chor und Orchester des Teatro alla Scala. Tullio Serafin, Dirigent. (Aufgenommen in Mailand vom 3. bis 4. August 1953 für EMI, herausgegeben auf Columbia CS 1182, Angel 3509, **I Pagliacci** gekoppelt auf Angel 3528. Ausschnitte auf Angel 35345. *Voi lo sapete* auf Angel 36966. *Inneggiamo il Signor* auf Angel 3841. **Cavalleria - allein** - *GA 3C 163-00 415/16 M*. **Cavalleria/Pagliacci** *Q 063-00721*.)

32 PUCCINI: **Tosca**. Giuseppe di Stefano (Cavaradossi), Tito Gobbi (Scarpia), Franco Calabrese (Angelotti), Melchiorre Luise (Mesner), Angelo Mercuriali (Spoletta), Dario Caselli (Sciarrone), Alvaro Cordova (Hirte). Chor und Orchester des Teatro alla Scala. Victor de Sabata, Dirigent. (Aufgenommen in Mailand, vom 10. bis 21. August 1953 für EMI, herausgegeben auf Columbia CX 1094, Angel 3509. Duett des I. Aktes auf Angel 36940. *Vissi d'arte* auf Angel 3841. III. Akt ab *E lucevan le stelle* auf Angel 36966. *GA 191-00 410/11*.)

33 VERDI: **La Traviata**. Francesco Albanese (Alfredo), Ugo Savarese (Germont), Ede Marietti Gandolfo (Flora), Alberto Albertini (Duphol), Mario Zorgniotti (Dr. Grenvil und D'Obigny, Ines Marietti (Annina), Mariano Caruso (Gastone), Tommaso Soley (Giuseppe). Chor und Orchester der RAI, Turin. Gabriele Santini, Dirigent. (Aufgenommen im September 1953 für Cetra, herausgegeben auf LPC 1246. Neuausgabe auf Eurodisc 70044, Everest-Cetra S-425/3, Vox THS 65047/8. Ausschnitte auf Everest-Cetra 7425, Pickwick S-4051, Everest-Cetra 3169. *Ah! fors'è lui...Sempre libera* auf Everest 3293, Vox THS 65125.)

34 BELLINI: **Norma**. Franco Corelli (Pollione), Elena Nicolai (Adalgisa), Boris Christoff (Oroveso), Bruna Ronchini (Clotilde), Raimondo Botteghelli (Flavio). Antonino Votto, Dirigent. Aufführung vom 19. November 1953, Teatro Giuseppe Verdi, Triest. (Ausschnitte auf Limited Edition Recording 013.)

35 CHERUBINI: **Medea**. Gino Penno (Jason), Maria Luisa Nache (Glauce), Giuseppe Modesti (Creon), Fedora Barbieri (Neris), Enrico Campi (Kapitän), Angela Vercelli und Maria Amadini (Mägde). Leonard Bernstein, Dirigent. Aufführung vom 10. Dezember 1953, Teatro alla Scala, Mailand. (BJR 129, MRF-102, Morgan 5301, Cetra LO-36, Vox THS 65157/9, UORC 138. *Dei tuoi figli* auf HRE-219.)

1954

36 DONIZETTI: **Lucia di Lammermoor**. Giuseppe di Stefano (Edgardo), Rolando Panerai (Enrico), Giuseppe Modesti (Raimondo), Giuseppe Zampieri (Arturo), Luisa Villa (Alisa), Mario Carlin (Normanno). Herbert von Karajan, Dirigent. Aufführung vom 18. Januar 1954, Teatro alla Scala, Mailand. (*Regnava nel silenzio* auf HRE-219.)

37 GLUCK: **Alceste**. Renato Gavarini (Admeto), Paolo Silveri (Hoher Priester), Rolando Panerai (Apollo), Silvio Maionica (Tanato), Giuseppe Zampieri (Evandro), Enrico Campi (Herold), Nicola Zaccaria (Oracle). Carlo Maria Giulini, Dirigent. Aufführung vom 4. April 1954, Teatro alla Scala, Mailand. Gesungen in italienische Sprache. (UORC 273, ERR-136, Cetra LO-50. *Divinités du Styx, Non, ce n'est point un sacrifice, Ah! malgré moi, Grands dieux, soutenez mon courage* auf Penzance 27.)

38) BELLINI: **Norma**. Ebe Stignani (Adalgisa), Mario Filippeschi (Pollione), Nicola Rossi-Lemeni (Oroveso), Rina Cavallari (Clotilde), Paolo Caroli (Flavio). Chor und

Orchester der Scala di Milano. Tullio Serafin, Dirigent. (Aufgenommen in Mailand, vom 23. April bis 3. Mai 1954 für EMI, herausgegeben auf Columbia CX 1179, Angel 3517. Neuausgabe auf Seraphim 6037. Ausschnitte auf Angel 35379. *Casta diva* auf Angel 3841. *GA 153-03 565/67 M. Q 063-00 730.*)

39 LEONCAVALLO: **I Pagliacci.** Giuseppe di Stefano (Canio), Tito Gobbi (Tonio), Nicola Monti (Beppe), Rolando Panerai (Silvio). Chor und Orchester der Scala di Milano. Tullio Serafin, Dirigent. (Aufgenommen in Mailand, vom 25. Mai bis 17. Juni 1954 für EMI, herausgegeben auf Columbia CX 1211, Angel 3527. Gekoppelt mit **Cavalleria** auf Angel 3528. Ausschnitte auf Angel 35345. *Ballatella* auf Angel 3841. *GA 3C 163-00 418/19 M. Q* **Cavalleria/Pagliacci** *063-00721.*)

40 VERDI: **La Forza del Destino.** Richard Tucker (Don Alvaro), Carlo Tagliabue (Don Carlo), Nicola Rossi-Lemeni (Padre Guardiano), Renato Capecchi (Fra Melitone), Elena Nicolai (Preziosilla), Plinio Clabassi (Marquis), Rina Cavallari (Curra), Dario Caselli (Chirurg), Gino del Signore (Trabucco). Chor und Orchester der Scala di Milano. Tullio Serafin Dirigent. (Aufgenommen in Mailand, vom 17. bis 27. August 1954 für EMI, herausgegeben auf Columbia CX 1258, Angel 3531. Neuausgabe auf Seraphim 6088. Ausschnitte auf Angel 35432. *Pace, pace* auf Angel 3841. *GA 153-00 966/68 M. Q 053-01 507 M.*)

41 ROSSINI: **Il Turco in Italia.** Nicola Rossi-Lemeni (Selim), Nicolai Gedda (Narciso), Jolanda Gardino (Zaida), Francesco Calabrese (Geronio), Mariano Stabile (Poet), Piero di Palma (Albazar). Chor und Orchester der Scala di Milano. Gianandrea Gavazzeni, Dirigent. (Aufgenommen in Mailand, vom 31. August bis 8. September 1954 für EMI, herausgegeben auf Columbia CX 1289, Angel 3535. Neuausgabe auf Seraphim 6095. *Non si dà follia* auf Angel 3743 und 3841. *GA 3C 163-00 978/80 M.*)

42 PUCCINI: **Manon Lescaut:** *In quelle trine morbide, Sola, perduta abbandonata*; **La Bohème:** *Sì mi chiamano Mimì, Donde lieta uscì*; **Madama Butterfly:** *Un bel dì, Tu? tu? piccolo Iddio!*; **Suor Angelica:** *Senza mamma*; **Gianni Schicchi:** *O mio babbino caro*; **Turandot:** *Signore, ascolta, In questa reggia, Tu che di gel sei cinta*. Philharmonia Orchestra. Tullio Serafin, Dirigent. (Aufgenommen in London, vom 15. bis 21. September 1954 für EMI, herausgegeben auf Columbia CX 1204, Angel 35195. Die **Manon Lescaut**- und die **Turandot**-Arien sowie *Tu? tu? piccolo Iddio* auf Angel 36930; **Schicchi** auf Angel 3841. *053-00 417 M.*)

43 CILEA: **Adriana Lecouvreur:** *Io son l'umile ancella, Poveri fiori*. CATALANI: **La Wally:** *Ebben? n'andró lontano*. GIORDANO: **Andrea Chenier:** *La mamma morta*. BOITO: **Mefistofele:** *L'altra notte in fondo al mare*. ROSSINI: **Il Barbiere di Siviglia:** *Una voce poco fa*. MEYERBEER: **Dinorah:** *Ombre légère*. DELIBES: **Lakmé:** *Où va la jeune Indoue*. VERDI: **I Vespri Siciliani:** *Mercé, dilette amiche*. Philharmonia Orchestra. Tullio Serafin, Dirigent. (Aufgenommen in London, vom 15. bis 21. September 1954 für EMI, herausgegeben auf Columbia CX 1231, Angel 35233. **Barbiere** auf Angel 3841. *053-01 013 M.*)

44 SPONTINI: **La Vestale.** Franco Corelli (Licinio), Enzo Sordello (Cinna), Nicola Rossi-Lemeni (Pontifex Maximus), Ebe Stignani (Hohe Priesterin), Vittorio Tatozzi (Konsul), Nicola Zaccaria (Wahrsager). Antonino Votto, Dirigent. Aufführung vom 7. Dezember 1954. Teatro alla Scala, Mailand. (UORC 217, ERR-117, EA 009, Cetra LO-33.}

45 MOZART: **Die Entführung aus dem Serail:** *Martern aller Arten*. MEYERBEER: **Dinorah:** *Ombre légère*. CHARPENTIER: **Louise:** *Depuis le jour*. ROSSINI: **Armida:** *D'amore al dolce impero*. Alfredo Simonetto, Dirigent. Konzert vom 27. Dezem-

ber 1954, RAI, San Remo. (BJR 143, ERR-134, Tima 16. **Entführung** und **Dinorah** auf Opera viva JLT-1, Gemma WK-1101, Morgan A 006; **Armida** auf EJS 360, MRF-28, Morgan A 006.)

1955

46 GIORDANO: **Andrea Chenier**. Mario del Monaco (Andrea), Aldo Protti (Gerard), Maria Amadini (Gräfin), Silvana Zanolli (Bersi), Enzo Sordello (Fleville), Mario Carlin (Incredibile), Enrico Campi (Roucher), Lucia Danieli (Madelon), Vittorio Tatozzi (Fourquier), Giuseppe Morresi (Dumas), Eraldo Coda (Schmidt). Antonino Votto, Dirigent. Aufführung vom 8. Januar 1955, Teatro alla Scala, Mailand. (Operatic-Archives 1010, EA 012, MRF-66, UORC 286, Cetra LO-38.)

47 BELLINI: **La Sonnambula**. Cesare Valletti (Elvino), Giuseppe Modesti (Rodolfo), Gabriella Carturan (Teresa), Eugenia Ratti (Lisa), Pierluigi Latinucci (Alessio), Giuseppe Nessi (Notar). Leonard Bernstein, Dirigent. Aufführung vom 5. März 1955, Teatro alla Scala, Mailand. (ERR 108, Raritas OPR-3, EA 027, Cetra LO-32, Vox THS 65151/3. *Ah! non credea* auf HRE-219. *Ah! non giunge* auf Limited Edition Recordings 100 und HRE-219.)

48 VERDI: **La Traviata**. Giuseppe di Stefano (Alfredo), Ettore Bastianini (Germont), Silvana Zanolli (Flora), Arturo La Porta (Duphol), Silvio Maionica (Dr. Grenvil), Luisa Mandelli (Annina), Giuseppe Zampieri (Gastone), Antonio Zerbini (D'Obigny), Franco Ricciardi (Giuseppe). Carlo Maria Giulini, Dirigent. Aufführung vom 28. Mai 1955, Teatro alla Scala, Mailand. (MRF-87, Cetra LO-28, RR-474.)

49 CHERUBINI: **Medea**: *Dei tuoi figli*. SPONTINI: **La Vestale**: *Tu che invoco, O Nume tutelar, Caro oggetto*. Orchester des Teatro alla Scala. Tullio Serafin, Dirigent. (Aufgezeichnet in Mailand, vom 9. bis 12. Juni 1955 für EMI, herausgegeben bei Columbia CX 1540, Angel 35304. Neuherausgabe auf Angel 36929. *053-01 016 M.*)

50 BELLINI: **La Sonnambula**: *Come per me sereno, Ah! non credea...Ah! non giunge*. Chor und Orchester des Teatro alla Scala. Tullio Serafin, Dirigent. (Aufgezeichnet in Mailand, 9. bis 12. Juni 1955 für EMI. Herausgegeben auf HMV ASD 3535, Angel S-357557. *Come per me* auf Penzance 15, Morgan 5401 und 2. Auflage bei FWR 644. *Ah! non credea...Ah! non giunge* auf FWR 656.)

51 BELLINI: **Norma**. Ebe Stignani (Adalgisa), Mario del Monaco (Pollione), Giuseppe Modesti (Oreveso), Rina Cavallari (Clotilde), Athos Cesarini (Flavio). Tullio Serafin, Dirigent. Konzertante Aufführung vom 29. Juni 1955, RAI, Rom. (Opera Viva JLT-6, Discophilia KS 22/24.)

52 PUCCINI: **Madama Butterfly**. Nicolai Gedda (Pinkerton), Lucia Danieli (Suzuki), Mario Borriello (Sharpless), Renato Ercolani (Goro), Mario Carlin (Yamadori), Plinio Clabassi (Bonze), Enrico Campi (Kommissar), Luisa Villa (Kate Pinkerton). Chor und Orchester des Teatro alla Scala. Herbert von Karajan, Dirigent. (Aufgenommen in Mailand, vom 1. bis 6. August 1955 für EMI, herausgegeben auf Columbia CX 1296, Angel 3523. *Un bel di* auf Angel 3841. *GA 153-00 424/26.*)

53 VERDI: **Aida**. Richard Tucker (Radames), Fedora Barbieri (Amneris), Tito Gobbi (Amonasro), Nicola Zaccaria (König), Giuseppe Modesti (Ramphis), Franco Ricciardi (Bote), Elvira Galassi (Priesterin). Chor und Orchester des Teatro alla Sca-

la. Tullio Serafin, Dirigent. (Aufgenommen in Mailand, vom 10. bis 24. August 1955 für EMI, herausgegeben auf Columbia CX 1318, Angel 3525. Ausschnitte auf Angel 35938. *O patria mia* auf Angel 3841. *GA 153-00 429/31 M. Q 053-01 676 M.*)

54 VERDI: **Rigoletto**. Giuseppe di Stefano (Herzog), Tito Gobbi (Rigoletto), Nicola Zaccaria (Sparafucile), Adriana Lazzarini (Maddalena), Plinio Clabassi (Monterone), Renato Ercolani (Borsa), Elvira Galassi (Gräfin Ceprano), Giuse Gerbino (Giovanna), William Dickie (Marullo), Carlo Forti (Graf Ceprano), Vittorio Tatozzi (Zeremonienmeister), Luisa Mandelli (Page). Chor und Orchester des Teatro alla Scala Tullio Serafin, Dirigent. (Aufgenommen in Mailand, vom 3. bis 16. September 1955 für EMI, herausgegeben auf Columbia CX 1324, Angel 3537. Ausschnitte auf Angel 35518. *Caro nome* auf Angel 36929 und 3841. *E il sol dell'anima* auf Angel 36940. *GA 153-01 346/47 M. Q 053-00 483 M.*)

55 DONIZETTI: **Lucia di Lammermoor**. Giuseppe di Stefano (Edgardo), Rolando Panerai (Enrico), Nicola Zaccaria (Raimondo), Giuseppe Zampieri (Arturo), Luisa Villa (Alisa), Mario Carlin (Normanno). Mit dem RIAS Orchester. Herbert von Karajan, Dirigent. (Aufführung vom 29. September 1955 mit der Scala an der Städtischen Oper Berlin. Limited Edition Recording 101, BJR 133, Cetra LO-18, RR-428, Vox THS 65144/5, Morgan 5401. *Ardon gl'incensi* auf Limited Edition Recordings 100.)

56 BELLINI: **Norma**. Giulietta Simionato (Adalgisa), Mario del Monaco (Pollione), Nicola Zaccaria (Oroveso), Gabriella Carturan (Clotilde), Giuseppe Zampieri (Flavio). Antonino Votto, Dirigent. Aufführung vom 7. Dezember 1955, Teatro alla Scala Mailand. (UORC 364, Cetra LO-31, Limited Edition Recordings 103. *Mira o Norma* auf HRE-208.)

1956

57 VERDI: **La Traviata**. Gianni Raimondi (Alfredo), Ettore Bastianini (Germont), Silvana Zanolli (Flora), Arturo La Porta (Duphol), Silvio Maionica (Dr. Grenvil), Luisa Mandelli (Annina), Giuseppe Zampieri (Gastone), Dario Caselli (D'Obigny), Franco Ricciardi (Giuseppe), Carlo Forti (Diener). Carlo Maria Giulini, Dirigent. Aufführung vom 19. Januar 1956, Teatro alla Scala, Mailand. (HRE-272. *Ah! fors'è lui...Sempre libera* auf HRE-219.)

58 ROSSINI: **Il Barbiere di Siviglia**. Tito Gobbi (Figaro), Luigi Alva (Almaviva), Nicola Rossi-Lemeni (Don Basilio), Melchiorre Luise (Dr. Bartolo), Anna Maria Canali (Berta), Pierluigi Latinucci (Fiorello), Giuseppe Nessi (Offizier). Carlo Maria Giulini, Dirigent. Aufführung vom 16. Februar 1956, Teatro alla Scala, Mailand. (MRF 101, EA 015, Cetra LO-34. *Una voce poco fa* auf HRE-219. *Dunque io son*, *Contro il cor* auf Limited Edition Recordings 100.)

59 DONIZETTI: **Lucia di Lammermoor**. Gianni Raimondi (Edgardo), Rolando Panerai (Enrico), Antonio Zerbini (Raimondo), Piero di Palma (Arturo), Anna Maria Borelli (Alisa), Pietro Moccia (Normanno). Francesco Molinari-Pradelli, Dirigent. Aufführung vom 22. März 1956 am Teatro San Carlo, Neapel.

60 VERDI: **Il Trovatore**. Giuseppe di Stefano (Manrico), Fedora Barbieri (Azucena), Rolando Panerai (Di Luna), Nicola Zaccaria (Ferrando), Luisa Villa (Inez), Renato Ercolani (Ruiz), Giulio Mauri (Zigeuner). Chor und Orchester der Scala di Milano. Herbert von Karajan, Dirigent. (Aufgenommen in Mailand vom 3. bis 9. August

1956 für EMI, herausgegeben auf Columbia CX 1483, Angel 3554. *Tacea la notte* auf Angel 3841; *D'amor sull'ali rosee* auf Angel 3743, 36966; *L'onda de' suoni mistici, Miserere* auf Angel 36966. *GA 153-00 4545/56 M. Q 053-01 677 M.*)

61 PUCCINI: **La Bohème**. Giuseppe di Stefano (Rodolfo), Rolando Panerai (Marcello), Anna Moffo (Musetta), Nicola Zaccaria (Colline), Manuel Spatafora (Schaunard), Carlo Badioli (Benoit und Alcindoro), Franco Ricciardi (Parpignol), Carlo Forti (Soldat). Chor und Orchester der Scala di Milano. Antonino Votto, Dirigent. (Aufgenommen in Mailand vom 20. August bis 4. September 1956 für EMI, herausgegeben auf Columbia CX 1464, Angel 3560. Ausschnitte auf Angel 35939. Akt I vom Auftritt Mimìs an auf Angel 3640. *Mi chiamano Mimì* auf Angel 3841. *GA 153-18 182/83.*)

62 VERDI: **Un Ballo in Maschera**. Giuseppe di Stefano (Riccardo), Tito Gobbi (Renato), Fedora Barbieri (Ulrica), Eugenia Ratti (Oscar), Ezio Giordano (Silvano), Silvio Maionica (Samuel), Nicola Zaccaria (Tom), Renato Ercolani (Richter und Diener). Chor und Orchester der Scala di Milano. Antonino Votto, Dirigent. (Aufgenommen vom 4. bis 12. September 1956 für EMI, herausgegeben auf Columbia CX 1472, Angel 3557. Neuherausgabe auf Seraphim 6087. *Morrò, ma prima in grazia* auf Angel 36929 und 3841. *Teco io sto* auf Angel 36940. *GA 153-17651/53 M. Q 053-18 065 M.*)

63 SPONTINI: **La Vestale**: *Tu che invoco*. ROSSINI: **Semiramide**: *Bel raggio*. THOMAS: **Hamlet**: *A vos jeux*. BELLINI: **I Puritani**: *Vieni al tempio*. Alfredo Simonetto, Dirigent. Konzert vom 27. September 1956, RAI, Mailand. (BJR 143, Tima 16, Morgan A 006. Alles außer **Puritani** auf Opera Viva JLT-1, Gemma WK-1001.)

64 PUCCINI: **Tosca**: Tosca-Scarpia-Szene aus dem II. Akt. George London (Scarpia) und das Orchester der Metropolitan Opera. Dimitris Mitropoulos, Dirigent. Aufzeichnung aus der Ed Sullivan Show, New York, vom 25. November 1956.

65 DONIZETTI: **Lucia di Lammermoor**. Giuseppe Campora (Edgardo), Enzo Sordello (Enrico), Nicola Moscona (Raimondo), Thelma Votipka (Alisa), James McCracken (Normanno), Paul Franke (Arturo). Fausto Cleva, Dirigent. Aufführung vom 8. Dezember 1956, Metropolitan Opera, New York. (OPR-412. Ausschnitte auf Cetra LO-18.)

1957

66 ROSSINI: **Il Barbiere di Siviglia**. Luigi Alva (Almaviva), Tito Gobbi (Figaro), Nicola Zaccaria (Don Basilio), Fritz Ollendorf (Dr. Bartolo), Gabriella Carturan (Berta), Mario Carlin (Fiorello). Chor und Philharmonisches Orchester. Alceo Galliera, Dirigent. (Aufgenommen in London, vom 7. bis 14. Februar 1957 für EMI, herausgegeben auf Columbia SAX 2266, Angel 3559. Ausschnitte auf Angel 35936. *Una voce poco fa* auf Angel 3696; *Dunque io son* auf Angel 36293. *GA 197-00 467/69. Q 063-00 735.*)

67 BELLINI: **La Sonnambula**. Nicola Monti (Elvino), Nicola Zaccaria (Rodolfo), Fiorenza Cossotto (Teresa), Eugenia Ratti (Lisa), Giuseppe Morresi (Alessio), Franco Ricciardi (Notar). Chor und Orchester des Teatro alla Scala. Antonino Votto, Dirigent. (Aufgenommen in Mailand, vom 3. bis 9. März 1957 für EMI, herausgegeben auf Columbia CX 1469, Angel 3568. Neuausgabe auf Seraphim IB-6108. *Come per me sereno* auf Angel 35304; *Ah! non credea...Ah! non giunge* auf Angel 36929;

Ah! non credea allein auf Angel 3841. *GA 3C 163-17 64850 M. Q 3C 063-17 920 M.*)

68 DONIZETTI: **Anna Bolena**. Giulietta Simionato (Jane Seymour), Gianni Raimondi (Percy), Nicola Rossi-Lemeni (Heinrich VIII.), Plinio Clabassi (Rochefort), Luigi Rumbo (Hervey), Gabriella Carturan (Smeton). Gianandrea Gavazzeni, Dirigent. Aufführung vom 14. April 1957, Teatro alla Scala, Mailand. (FWR 646, BJR 109, MRF-42, Morgan 5703, Cetra LO-53, HOPE 226. Duett der Anna Bolena und Jane Seymour im II. Akt auf HRE-209; Schlußszene auf HRE-219.)

69 GLUCK: **Iphigénie en Tauride**. Francesco Albanese (Pylade), Anselmo Colzani (Thoas), Fiorenza Cossotto (Diane), Dino Dondi (Oreste), Stefania Malagù und Eva Perotti (Priesterinnen), Edith Martelli (griechische Sklavin), Constantino Ego (Diener). Nino Sanzogno, Dirigent. Aufführung vom 1. Juni 1957. Teatro alla Scala, Mailand. (FWR 649, Penzance 12, MRF-63, Morgan 5704, HOPE 229, Cetra LO-54.)

70 DONIZETTI: **Lucia di Lammermoor**. Eugenio Fernandi (Edgardo), Rolando Panerai (Enrico), Giuseppe Modesti (Raimondo), Dino Formichini (Arturo), Elvira Galassi (Alisa), Valiano Natali (Normanno). Tullio Serafin, Dirigent. Konzertante Aufführung vom 26. Juni 1957, RAI, Rom. (HRE-221. Ausschnitte auf BJR 133.)

71 BELLINI: **La Sonnambula**: Fiorenza Cossotto (Teresa), M. Angioletti (Lisa), Nicola Monti (Elvino), Nicola Zaccaria (Rodolfo), Dino Mantovani (Alessio). Orchester und Chor der Mailänder Scala. Antonino Votto, Dirigent. Aufführung vom 4. Juli 1957, Großes Haus, Köln.

72 PUCCINI: **Turandot**. Eugenio Fernandi (Calaf), Elisabeth Schwarzkopf (Liù), Nicola Zaccaria (Timur), Giuseppe Nessi (Kaiser), Mario Borriello (Ping), Renato Ercolani (Pang), Piero de Palma (Pont), Giulio Mauri (Mandarin). Chor und Orchester des Teatro alla Scala. Tullio Serafin, Dirigent. (Aufgenommen in Mailand, vom 9. bis 17. Juli 1957 für EMI, herausgegeben auf Columbia CX 1555, Angel 3571. *In questa reggia* auf Angel 3841. *GA 3C 163-00 969/71 M. Q 3C 063-01 019 M.*)

73 PUCCINI: **Manon Lescaut**. Giuseppe di Stefano (Des Grieux), Giulio Fioravanti (Lescaut), Franco Calabrese (Geronte), Dino Formichini (Edmondo), Carlo Forti (Gastwirt), Vito Tattone (Tanzmeister), Fiorenza Cossotto (Musikantin), Giuseppe Morresi (Sergeant), Franco Ricciardi (Laternenanzünder), Franco Ventriglia (Offizier). Chor und Orchester des Teatro alla Scala. Tullio Serafin, Dirigent. (Aufgenommen in Mailand, vom 18. bis 27. Juli 1957 für EMI, herausgegeben auf Columbia CX 1583, Angel 3564. Neuausgabe auf Seraphim IC-6089. *Tu, tu amore?* auf Angel 36966; *Sola, perduta, abbandonata* auf Angel 3841. *GA 3C 163-00 484/86 M. Q 3C 063-01 015 M.*)

74 VERDI: **Il Trovatore**: *D'amor sull'ali rosee*. **La Forza del Destino**: *Pace, pace mio Dio*. WAGNER: **Tristan und Isolde**: Liebestod. DONIZETTI: **Lucia di Lammermoor**: *Regnava nel silenzio* und *Quando rapito in estasi*. THOMAS: **Hamlet**: *A vos jeux*. Orchester der Athener Festspiele. Antonino Votto, Dirigent. Konzert vom 5. August 1957, Arena Herodes Atticus, Athen. (**Forza** und **Tristan** auf BJR 143.)

75 BELLINI: **La Sonnambula**. Nicola Monti (Elvino), Nicola Zaccaria (Rodolfo), Fiorenza Cossotto (Teresa), Edith Martelli (Lisa), Dino Mantovani (Alessio), Franco Ricciardi (Notar). Antonino Votto, Dirigent. Gastspielaufführung vom 21. August 1957 der Piccola Scala im King's Theatre, Edinburgh. (Limited Edition Recordings 104; Finale des II. Aktes auf Limited Edition Recordings 100.)

76 CHERUBINI: **Medea**. Mirto Picchi (Jason), Renata Scotto (Glauce), Giuseppe Modesti (Creon), Miriam Pirazzini (Neris), Lidia Marimpietri und Elvira Galassi (Mägde), Alfredo Giacommotti (Kapitän). Chor und Orchester des Teatro alla Sca-

la. Tullio Serafin, Dirigent. (Aufgenommen in Mailand, vom 12. bis 19. September 1957 bei EMI für Ricordi, herausgegeben auf Columbia SAX 2290, Mercury OL-104. Neuausgabe auf Everest-Cetra 437. Ausschnitte auf Everest-Cetra 7437.)

77 MOZART: **Die Entführung aus dem Serail**: *Martern aller Arten*. BELLINI: **I Puritani**: *Qui la voce*. VERDI: **Macbeth**: *Vieni! t'affretta!* **La Traviata**: *Ah! fors'è lui...Sempre libera*. DONIZETTI: **Anna Bolena**: *Al dolce guidami*. Dallas Symphony. Nicola Rescigno, Dirigent. Probe vom 20. November 1957, State Fair Music Hall, Dallas. (HRE-232. **Entführung** und **Macbeth** auf FWR 655, Penzance 4, Penzance 15; **Puritani** auf FWR 656, FWR 646, BFR 143 (Gesamtprobe der Arie und die Arie zusammenhängend), HRE-219; **Traviata** und **Bolena** auf FWR 646.)

78 VERDI: **Un Ballo in Maschera**. Giuseppe di Stefano (Riccardo), Ettore Bastianini (Renato), Giulietta Simionato (Ulrica), Eugenia Ratti (Oscar), Giuseppe Morresi (Silvano), Antonio Cassinelli (Samuel), Marco Stefanoni (Tom), Angelo Mercuriali (Richter), Antonio Ricci (Diener). Gianandrea Gavazzeni, Dirigent. Aufführung vom 7. Dezember 1957, Teatro alla Scala, Mailand. (BJR 127, MFR-83, Morgan 5709, Cetra LO-55. Szene der Amelia und Ulrica im I. Akt auf HRE-209; *Ma dall'arido stelo* auf HRE-219; *Teco io sto* auf UORC 150.)

1958

79 BELLINI: **Norma**. Franco Corelli (Pollione), Miriam Pirazzini (Adalgisa), Giulio Neri (Oroveso), Piero di Palma (Flavio). Gabriele Santini, Dirigent. Aufführung vom 2. Januar 1958, Teatro dell'Opera, Rom. (Morgan 5801.)

80 VERDI: **La Traviata**. Laura Zanini (Flora Bervoix), Maria Christina de Castro (Annina), Alfredo Kraus (Alfredo Germont), Mario Sereni (Giorgio Germont), Piero de Palma (Gastone), Alvaro Malta (Baron Duphol), Alessandro Maddalena (Dottore), Vito Susca (D'Obigny). Franco Ghione, Dirigent. Aufführung vom 27. März 1958, Opera San Carlos, Lissabon.

81 PUCCINI: **Tosca**: *Vissi d'arte*. ROSSINI: **Il Barbiere di Siviglia**: *Una voce poco fa*. John Pritchard, Dirigent. Konzert vom 17. Juni 1958, BBC-TV, London.

82 VERDI: **La Traviata**. Cesare Valletti (Alfredo), Mario Zanasi (Germont), Marie Collier (Flora), Forbes Robinson (Duphol), David Kelly (Dr. Grenvil), Leah Roberts (Annina), Dermot Troy (Gastone), Ronald Lewis (D'Obigny), David Tree (Giuseppe), Keith Raggett (Bote), Charles Morris (Diener). Nicola Rescigno, Dirigent. Aufführung vom 20. Juni 1958, Covent Garden, London. (FWR 652, Limited Edition Recordings 102. *Addio del passato* auf HRE-219.)

83 VERDI: **Macbeth**: *Vieni! t'affretta!, La luce langue, Una macchia*; **Nabucco**: *Anch'io dischiuso*; **Ernani**: *Ernani! Ernani involami*; **Don Carlo**: *Tu che le vanità*. Philharmonia Orchestra. Nicola Rescigno, Dirigent. (Aufgenommen in London, vom 19. bis 24. September 1958 für EMI, herausgegeben auf Columbia SAX 2293, Angel 35763. *La luce langue* auf Angel 3841; *Una macchia* auf Angel 36135 und 3696; **Ernani** auf Angel 3743; **Don Carlo** auf Angel 3696. 053-00 865.)

84 DONIZETTI: **Anna Bolena**: *Al dolce guidami*. Monica Sinclair (Smeton), John Lanigan (Percy), Joseph Rouleau (Rochefort), Duncan Robertson (Hervey). THOMAS: **Hamlet**: *A vos jeux, mes amis*. BELLINI: **Il Pirata**: *Col sorriso d'innocenza*. Philharmonia Chor und Orchestra. Nicola Rescigno, Dirigent. (Aufgenommen in

London vom 19. bis 24. September 1958 für EMI, herausgegeben auf Columbia SAX 2320, Angel 35764. **Hamlet** auf Angel 3743; **Pirata** auf Angel 36930. *053-00 784.*)

85 BELLINI: **Norma**: *Casta diva*. PUCCINI: **Madama Butterfly**: *Un bel dì*. John Pritchard, Dirigent. Konzert vom 23. September 1958, BBC-TV, London.

86 CHERUBINI: **Medea**. Jon Vickers (Jason), Elizabeth Carron (Glauce), Nicola Zaccaria (Creon), Teresa Berganza (Neris), Judith Raskin und Mary Mackenzie (Mägde), Peter Bender (Kapitän). Dallas Symphonie. Nicola Rescigno, Dirigent. Aufführung vom 6. November 1958, Dallas Civic Opera, State Fair Music Hall. (FWR 647, Penzance 41, Robin Hood 512.)

87 BELLINI: **Norma**: *Casta diva*. Jacques Mars (Oroveso). VERDI: **Il Trovatore**: *D'amor sull'ali rosee...Miserere*. Albert Lance (Manrico). ROSSINI: **Il Barbiere di Siviglia**: *Una voce poco fa*. PUCCINI: **Tosca**: II. Akt. Tito Gobbi (Scarpia), Albert Lance (Mario), Louis Rialland (Spoletta), Jean-Pierre Hurteau (Sciarrone). Georges Sebastian, Dirigent. Konzert vom 19. Dezember 1958. Opéra, Paris. (ERR 118, HRE-242. **Barbiere** auf BJR 143.)

1959

88 BELLINI: **Il Pirata**. Pier Miranda Ferraro (Gualtiero), Constantino Ego (Ernesto), Glade Peterson (Itulbo), Chester Watson (Goffredo), Regina Sarfaty (Adele). Nicola Rescigno, Dirigent. Konzertante Aufführung vom 27. Januar 1959, American Opera Society, New York. (FWR 641, MRF-51, BJR 145, EA 004. Schlußszene auf BJR 143, HRE-219.)

89 DONIZETTI: **Lucia di Lammermoor**. Ferrucio Tagliavini (Edgardo), Piero Cappuccilli (Enrico), Bernard Ladysz (Raimondo), Leonard del Ferro (Arturo), Margreta Elkins (Alisa), Renzo Casellato (Normanno). Chor und Philharmonia Orchestra. Tullio Serafin, Dirigent. (Aufgenommen in London, vom 16. bis 21. März 1959 für EMI, herausgegeben auf Columbia SAX 2316, Angel 3601. Ausschnitte auf Angel 35831. *Regnava nel silenzio...Quando rapito* auf Angel 36933 und 3841; *Sulla tomba* auf Angel 36935; *Ardon gl'incensi* auf Angel 3696; Sextett auf Angel 36361 und 36948. *GA 163-00 509/10. Q 063-00 772.*)

90 SPONTINI: **La Vestale**: *Tu che invoco*. VERDI: **Macbeth**: *Vieni t'affretta!* ROSSINI: **Il Barbiere di Siviglia**: *Una voce poco fa*. VERDI: **Don Carlo**: *Tu che le vanità*. BELLINI: **Il Pirata**: *Col sorriso d'innocenza*. Chor und Orchester des Norddeutschen Rundfunks. Nicola Rescigno, Dirigent. Konzert vom 15. Mai 1959, Hamburg. (HRE-228.)

91 CHERUBINI: **Medea**. Jon Vickers (Jason), Joan Carlyle (Glauce), Nicola Zaccaria (Creon), Fiorenza Cossotto (Neris), Mary Wells und Elizabeth Rust (Mägde), David Allen (Kapitän). Nicola Rescigno, Dirigent. Aufführung vom 30. Juni 1959, Royal Opera House, Covent Garden, London. (BJR 105, Robin Hood 512.)

92 SPONTINI: **La Vestale**: *Tu che invoco*. VERDI: **Ernani**: *Ernani! Ernani involami*; **Don Carlo**: *Tu che le vanità*. BELLINI: **Il Pirata**: *Col sorriso d'innocenza*. Concertgebouw Orchestra. Nicola Rescigno, Dirigent. Konzert vom 11. Juli 1959, Amsterdam. (BJR 103.)

93 PONCHIELLI: **La Gioconda**. Pier Miranda Ferraro (Enzo), Piero Cappuccilli

(Barnaba), Fiorenza Cossotto (Laura), Ivo Vinco (Alvise), Irene Companeez (La Cieca), Leonardo Monreale (Zuane), Renato Ercolani (Isepo), Carlo Forti (Sänger und Lotse), Bonaldo Giaiotti (Barnabetto). Chor und Orchester des Teatro alla Scala. Antonino Votto, Dirigent. (Aufgenommen in Mailand, vom 5. bis 10. September 1959 für EMI, herausgegeben auf Columbia SAX 2359, Angel 3606. Neuausgabe auf Seraphim 6031. Ausschnitte auf Angel 35940. *Suicidio* auf Angel 3743, 36818. *GA 153-00 881/83.*)

94 PUCCINI: **La Bohème**: *Sì, mi chiamano Mimì*; BOITO: **Mefistofele**: *L'altra notte in fondo al mare*. Royal Philharmonic. Sir Malcolm Sargent, Dirigent. Konzert vom 3. Oktober 1959, London. (BJR 143.)

1960

95 ROSSINI: **Semiramide**: *Bel raggio lusinghier*. **Armida**: *D'amor al dolce impero*. VERDI: **I Vespri Siciliani**: *Arrigo! Ah parli*. Philharmonia Orchester. Antonio Tonini, Dirigent. Aufgenommen im Juli 1960 in London.

96 BELLINI: **Norma**. Franco Corelli (Pollione), Christa Ludwig (Adalgisa), Nicola Zaccaria (Oroveso), Edda Vincenzi (Clotilde), Piero di Palma (Flavio). Chor und Orchester der Scala di Milano. Tullio Serafin, Dirigent. (Aufgenommen vom 5. bis 12. September 1960 für EMI, herausgegeben auf Columbia SAX 2412, Angel 3615. Ausschnitte auf Angel 35666. *Casta diva* auf Angel 3743, 36818; *Dormono entrambi* auf Angel 3743. *Q 053-01 017 M.*)

97 DONIZETTI: **Poliuto**. Franco Corelli (Poliuto), Ettore Bastianini (Severo), Nicola Zaccaria (Callistene), Rinaldo Pelizzoni (Felice), Piero di Palma (Nearco), Virgilio Carbonari und Giuseppe Morresi (Christen). Antonino Votto, Dirigent. Aufführung vom 7. Dezember 1960 an der Scala di Milano. (FWR 644, BJR 106, MRF-31, EA 006. *Di qual soavi lagrime* auf HRE-219.)

1961

98 GLUCK: **Orphée et Euridice**: *J'ai perdu mon Euridice*; **Alceste**: *Divinités du Styx*. BIZET: **Carmen**: Habanera, Séguedille. SAINT-SAENS: **Samson et Dalila**: *Printemps qui commence, Amour! viens aider ma faiblesse!* GOUNOD: **Roméo et Juliette**: *Je veux vivre*. THOMAS: **Mignon**: *Je suis Titania*. MASSENET: **Le Cid**: *Pleurez, mes yeux*. CHARPENTIER: **Louise**: *Depuis le jour*. Orchestre National de la Radiodiffusion Francaise. Georges Prêtre, Dirigent. (Aufgenommen in Paris vom 28. März bis 5. April 1961 für EMI, herausgegeben auf Columbia SAX 2410, Angel 35882. **Carmen** *Habanera* auf Angel 3696 und 36135; **Carmen** *Séguedille* und **Louise** auf Angel 3696; **Alceste** auf Angel 3743 und 3481; **Mignon** auf Angel 36816; **Samson**: *Printemps* auf Angel 3841. 053-00 540.)

99 MASSENET: **Le Cid**: *Pleurez, mes yeux*. VERDI: **Don Carlo**: *Tu che le vanità*. BOITO: **Mefistofele**: *L'altra notte in fondo al mare*. Sir Malcolm Sargent, Klavier. Konzert vom 30. Mai 1961 im St. James Palace, London. (Penzance 15. **Mefistofele** auf HRE-219.)

153

100   BELLINI: **Il Pirata**: *Sorgete, è in me dover*. Alexander Young (Iturbo und Gualtiero), Monica Sinclair (Adèle). Philharmonia Chor und Orchester. Antonio Tonini, Dirigent. (Aufgenommen in London am 15. November 1961 für EMI, herausgegeben auf HMV ASD 2791, Angel 36852. *063-01 299*.)

101   ROSSINI: **Lucrezia Borgia**: *Com'è bello*; **La Cenerentola**: *Nacqui all'affanno*. **Guglielmo Tell**: *Selva opaca*. DONIZETTI: **Anna Bolena**: *Legger potessi in me* oder *Come innocente giovane*? Orchester *Philharmonia*. Antonio Tonini, Dirigent. Aufgenommen im November 1961 in London.

102   CHERUBINI: **Medea**. Jon Vickers (Jason), Ivana Tosini (Glauce), Nicolai Ghiaurov (Creon), Giulietta Simionato (Neris), Edith Martelli und Maddalena Bonifaccio (Mägde), Alfredo Giacometti (Kapitän). Thomas Schippers, Dirigent. Aufführung vom 11. Dezember 1961 an der Scala di Milano. (MRF-102.)

1962

103   MASSENET: **Le Cid**: *Pleurez, mes yeux*. BIZET: **Carmen**: Habanera, Séguedille. VERDI: **Ernani**: *Ernani, Ernani involami*. ROSSINI: **La Cenerentola**: *Nacqui all'affanno*. VERDI: **Don Carlo**: *O don fatale*. Orchester des Norddeutschen Rundfunks. Georges Prêtre, Dirigent. Konzert vom 16. März 1962, Hamburg. (**Le Cid, Carmen** und **Don Carlo** auf MRF-83.)

104   ROSSINI: **La Cenerentola**: *Nacqui all'affanno*. WEBER: **Oberon**: *Ocean! Thou mighty monster*. VERDI: **Don Carlo**: *O don fatale*. Orchester *Philharmonia*. Antonio Tonini, Dirigent. Aufgenommen im April 1962 in London.

105   BIZET: **Carmen**: Habanera, Séguedille. Charles Wilson, Pianist. 19. Mai 1962, Madison Square Garden New York.

106   VERDI: **Don Carlo**: *Tu che le vanità*. BIZET: **Carmen**: Habanera, Séguedille. Georges Prêtre, Dirigent. Konzert vom 4. November 1962, Royal Opera House, Covent Garden, London. (**Don Carlo** auf HRE-219.)

1963

107   GLUCK: **Iphigénie en Tauride**: *O malheureuse Iphigénie*. BERLIOZ: **La Damnation de Faust**: *D'amour l'ardente flamme*. BIZET: **Les Pêcheurs de Perles**: *Comme autrefois*. MASSENET: **Manon**: *Adieu notre petite table*. GOUNOD: **Faust**: *Le roi de Thulé...Ah! je ris*. Orchestre de la Société des Concerts du Conservatoire. Georges Prêtre, Dirigent. (Aufgenommen in Paris, vom 2. bis 7. Mai 1963 für EMI, herausgegeben auf Columbia SAX 2503, Angel 36147. **La Damnation** auf Angel 3696; **Faust** auf Angel 3743; **Manon**: *Adieu* auf Angel 3841. *053-00 578*.)

108   ROSSINI: **Semiramide**: *Bel raggio*. BELLINI: **Norma**: *Casta diva*. VERDI: **Nabucco**: *Anch'io dischiuso*. PUCCINI: **La Bohème**: *Quando m'en vo*; **Madama Butterfly**: *Tu? tu? piccolo Iddio!* Georges Prêtre, Dirigent. Konzerte vom 17. Mai (Berlin, Orchester der Deutschen Oper), 23. Mai (Stuttgart, Orchester des Süddeutschen Rundfunks), 31. Mai 1963 (London, Philharmonia Orchestra). (**Semiramide** und **Bohème** aus Berlin auf MRF-83. **Butterfly** auf MRF-83. **Bohème** einzeln auf HRE-7.)

154

109 ROSSINI: **Semiramide**: *Bel raggio*; **La Cenerentola**: *Nacqui all'affanno*. MASSENET: **Werther**: *Air des Lettres*; **Manon**: *Adieu, notre petite table*. VERDI: **Nabucco**: *Anch'io dischiuso*. PUCCINI: **La Bohème**: *Quando m'en vo*; **Madama Butterfly**: *Tu? tu? piccolo Iddio!*; **Gianni Schicchi**: *O mio babbino caro*. Orchestre Philharmonique de la Radio-télévision Francaise. Georges Prêtre, Dirigent. Konzert vom 5. Juni 1963, Paris. (Opera Viva JLT-4.)

110 BEETHOVEN: *Ah! perfido!* MOZART: **Don Giovanni**: *Or sai chi l'onere, Non mi dir, Mi tradì quell'alma*; **Le Nozze di Figaro**: *Porgi, amor*. WEBER: **Oberon**: *Ocean! thou mighty monster*. Orchestre de la Société des Concerts du Conservatoire. Nicola Rescigno, Dirigent. (Aufgenommen in Paris, vom 6. bis 23. Dezember 1963 und am 8. Januar 1964 für EMI, herausgegeben auf Columbia SAX 2540, Angel 36200. **Nozze di Figaro** auf Angel 3743. *053-01 360*.)

111 VERDI: **Otello**: *Salce, salce...Ave Maria*; **Aroldo**: *Ah! degli scanni, Salvami, salvami, tu gran Dio!*; **Don Carlo**: *Non pianger, mia compagna, O don fatale!* Orchestre de la Société des Concerts du Conservatoire. Nicola Rescigno, Dirigent. (Aufgenommen in Paris, vom 17. bis 27. Dezember 1963 und vom 20. bis 21. Februar 1964 für EMI, herausgegeben auf Columbia SAX 2550, Angel 36221. **Otello** und *O don fatale* auf Angel 3696; *Ah! degli scanni* auf Angel 36930. *053-01 020*.)

1964

112 PUCCINI: **Tosca**. Renato Cioni (Cavaradossi), Tito Gobbi (Scarpia), Victor Godfrey (Angelotti), Eric Garrett (Mesner), Robert Bowman (Spoletta), Dennis Wicks (Sciarrone), Edgar Boniface (Schließer), David Sellar (Hirte). Carlo Felice Cillario, Dirigent. Aufführung vom 21. Januar (nur Akt I und III), 24., 30. Januar, 9. Februar (nur Akt II) 1964 am Royal Opera House, Covent Garden, London. (24. Januar auf Limited Edition Recordings 107. *Vissi d'arte* auf HRE-219. 9. Februar, gekürzt, auf HRE-232.)

113 ROSSINI: **La Cenerentola**: *Nacqui all'affanno*; **Guglielmo Tell**: *Selva opaca*; **Semiramide**: *Bel raggio*. DONIZETTI: **La Figlia del Reggimento**: *Convien partir*; **Lucrezia Borgia**: *Com'è bello*; **L'Elisir D'amore**: *Prendi, per me*. Orchestre de la Société des Concerts du Conservatoire. Nicola Rescigno, Dirigent. (Aufgenommen vom 4. bis 23. Dezember 1963 und vom 13. bis 24. April 1964 in Paris für EMI, herausgegeben auf Columbia SAX 2564, Angel 36239. **Cenerentola** auf Angel 3743 und 36933; **Figlia del Reggimento** auf Angel 3743. *053-00 592*.)

114 VERDI: **Attila**: *Oh! nel fuggente nuvolo*; **I Vespri Siciliani**: *Arrigo! ah parli a un core*; **Un Ballo in Maschera**: *Ma dall'arido stelo*; **I Lombardi**: *Se vano è il pregare*; **Aida**: *Ritorna vincitor*. Orchestre de la Société des Concerts du Conservatoire, Nicola Rescigno, Dirigent. (Aufgenommen in Paris am 21. Februar und vom 7. bis 22. April 1964 für EMI, herausgegeben auf HMV ASD 2791, Angel 36852.) VERDI: **Trovatore**: *Tacea la notte placida*; **Un Ballo in Maschera**: *Morrò, ma prima in grazie*. Orchestre de la Société des Concerts du Conservatoire. Nicola Rescigno, Dirigent. (Aufgenommen in Paris, im April 1964 für EMI, herausgegeben auf HMV ASD 3535, Angel S-37557. *063-01 299*.)

115 BIZET: **Carmen**. Nicolai Gedda (Don José), Andréa Guiot (Micaela), Robert

Massard (Escamillo), Nadine Sautereau (Frasquita), Jane Berbié (Mercédés), Jean-Paul Vaquelin (Dancairo), Jaques Pruvost und Maurice Maievski (Remendado), Claude Cales (Moralès), Jacques Mars (Zuniga). Choeurs René Duclos und Orchestre du Théâtre de l'Opéra Paris. Georges Prêtre, Dirigent. (Aufgenommen in Paris, vom 6. bis 20. Juli 1964 für EMI, herausgegeben auf HMV SAN 143, Angel 3650. Ausschnitte auf Angel 36312. *Habanera* auf Angel 3800 und 3841; *Séguedille* auf Seraphim 6062; Quintett auf Angel 36361. *GA 165-00 034/36. Q 063-01 966*.)

116   PUCCINI: **Tosca**. Carlo Bergonzi (Cavaradossi), Tito Gobbi (Scarpia), Leonardo Monreale (Angelotti und Schließer), Giorgio Tadeo (Mesner), Renato Ercolani (Spoletta), Ugo Trama (Sciarrone), David Sellar (Hirte). Chor des Théâtre National de l'Opéra, Orchestre de la Société des Concerts du Conservatoire. Georges Prêtre, Dirigent. (Aufgenommen in Paris vom 3. bis 14. Dezember 1964 für EMI, herausgegeben auf HMV SAN 149, Angel 3655. Ausschnitte auf Angel 36326. *Perchè chiuso* auf Angel 3863; *Vissi d'arte* auf Angel 3696 und 3863. *GA 165-00 040/41. Q 063-01 965*.)

1965

117   PUCCINI: **Tosca**. Renato Cioni (Cavaradossi), Tito Gobbi (Scarpia), Robert Geay und Jean-Pierre Hurteau (Angelotti), Jean-Christoph Benoît (Mesner), Louis Rialland (Spoletta), Roger Soyer (Sciarrone), Pierre Thau und Georges Daum (Schließer), Jacqueline Broudeur und Janine Collard (Hirte). Georges Prêtre (Februar) und Nicola Rescigno (März) Dirigenten. Aufführungen vom 22. Februar; 1., 3. und 13. März am Théâtre National de l'Opéra, Paris.

118   PUCCINI: **Tosca**. Franco Corelli und Richard Tucker (Cavaradossi), Tito Gobbi (Scarpia), Clifford Harvuot (Angelotti), Lawrence Davidson (Mesner), Andrea Velis (Spoletta), Russell Christopher (Sciarrone), Robert Goodloe (Schließer), Stuart Fischer (Hirte). Fausto Cleva, Dirigent. Aufführungen vom 19. und 25. März 1965 an der Metropolitan Opera, New York. (Aufführung vom 19. März auf EA 013.)

119   MASSENET: **Manon**: *Adieu, notre petite table*. BELLINI: **La Sonnambula**: *Ah! non credea*. PUCCINI: **Gianni Schicchi**: *O mio babbino caro*. Orchestre de la Radio-Télévision Francaise. Georges Prêtre, Dirigent. Fernseh-Konzert vom 18. Mai 1965 in Paris.

120   BELLINI: **Norma**. Gianfranco Cecchele (Pollione), Giulietta Simionato (am 14. und 17. Mai) und Fiorenza Cossotto (Adalgisa), Ivo Vinco (Oroveso), Marie-Luce Bellary (Clotilde), Claude Cales (Flavio). Georges Prêtre, Dirigent. Aufführungen vom 14. und 17. (nur der Akt II); 21. und 29. Mai 1965, Théâtre National de l'Opéra, Paris. (Ausschnitte vom 21. Mai auf Opus 92; vom 21. und 29. Mai auf IGS-001; *Casta diva* auf HRE-219.)

121   PUCCINI: **Tosca**. Renato Cioni (Cavaradossi), Tito Gobbi (Scarpia), Victor Godfrey (Angelotti), Eric Garrett (Mesner), John Dobson (Spoletta), Dennis Wicks (Sciarrone), David Sellar (Hirte). Georges Prêtre, Dirigent. Aufführung vom 5. Juli 1965, Royal Opera House, Covent Garden, London.

1969

122   VERDI: **I Vespri Siciliani**: *Arrigo! ah parli a un cor*; **Il Corsaro**: *Vola talor dal carcere, Romanza di Medora*; **I Lombardi**: *Te vergine santa*; **Attila**: *Oh! nel fuggente nuvolo*. Orchestre de la Société des Concerts du Conservatoire. Nicola Rescigno, Dirigent. (Aufgenommen in Paris, Februar 1969 für EMI. **Corsaro**: Arien, herausgegeben auf HMV ASD 3535, Angel "-37557. *063-03 253*.)

1972

123   *Meisterkurse* in Juilliard School, New York
        7. Februar: **La Bohème**, 9. Februar: **Rigoletto, La Forza del Destino, I Puritani, Il Barbiere di Siviglia**. 13. Februar: **Mefistofele, Simone Boccanegra, La Sonnambula**. 15. Februar: **Rigoletto, Lucia, La Forza del Destino, La Cenerentola**. 20. Februar: **Don Pasquale, Rigoletto, Otello**. 22. Februar: **I Vespri Siciliani, Madama Butterfly, Don Carlo, Un Ballo in Maschera**. 28. Februar: **La Traviata, Andrea Chenier, Romeo e Giulietta, Manon Lescaut**. 2. März: **Rigoletto, La Vestale, Norma, Il Trovatore**. 9. März: **Butterfly, Rigoletto, Werther, La Forza del Destino**. 11. März: **Don Juan, Cavalleria Rusticana, Un Ballo in Maschera**. 16. März: Verschiedenes.

1973

124   DONIZETTI: **L'Elisir d'Amore**: *Una parola, o Adina*. GOUNOD: **Faust**: *Laissez-moi contempler ton visage*. BIZET: **Carmen**: *C'est toi...C'est moi*. MASCAGNI: **Cavalleria Rusticana**: *Tu qui Santuzza*. VERDI: **I Vespri Siciliani**: *Quale, o prode*; **Don Carlo**: *Io vengo a domandar*; **La Forza del Destino**: *Ah! per sempre*. Mit Giuseppe di Stefano. PONCHIELLI: **La Gioconda**: *Suicidio*. PUCCINI: **Gianni Schicchi**: *O mio babbino caro*. MASCAGNI: **Cavalleria Rusticana**: *Voi lo sapete*. Ivor Newton, Pianist. Aus den Konzerten in Hamburg (25. Oktober), Berlin (29. Oktober), Düsseldorf (2. November), München (6. November), Frankfurt (9. November), London (26. November, 2. Dezember), 1973. (Das gesamte Hamburger Konzert mit Ausschnitten aus Berlin, München und Frankfurt auf TCC 501. Ausschnitte aus dem Londoner Konzert vom 26. November auf UORC 196, MRF-101. Ausschnitte von der Amerika-Tournee 1974, ERR-142; **Cavalleria** aus dem Rezital in der Carnegie Hall auf HRE-219.)

1974

125   Andere Aufnahmen aus Konzerten mit G. di Stefano:
        11. Februar: Philadelphia
        24. Februar: Washington
        5. März: Carnegie Hall, New York
        12. März: Dallas (ohne di Stefano)

9. April: CW. Post College, New York
15. April: Carnegie Hall, New York
ERR 132

11. November 1974: Sapporro (Japan) letztes aufgenommenes Konzert. **Carmen**:
Habanera, *La Fleur que tu m'avais jetée, C'est toi.* **Cavalleria Rusticana**: *Voi lo
sapete, Tu qui Santuzza.* **Gianni Schicchi**: *O mio babbino caro.* **L'Elisir d'amore**:
Una Parola, o Adina.

Relief des griechischen Bildhauers Nicos Perantinos.

LITERATURVERZEICHNIS

Allegri, Renzo: La vera Storia di Maria Callas. - Milano: Arnoldo Mondatori 1991.
Ardoin, John; **Fitzgerald, Gerald**: Callas. - London: Thames and Hudson 1974.
Ardoin, John: Maria Callas und ihr Vermächtnis. - München: Noack - Hübner 1979.

Bellini, Vicenzo: Epistolario. - Milano: 1943:
Bing, Sir Rudolf: 5.000 Abende in der Oper. - München: Kindler 1973.
Bragaglia, Leonardo: Verdi e i suoi interpreti (1839 - 1978). Vita scenica delle opere del cigno di Busseto attraverso una antologia critica e uno studio delle ventotto opere di Giuseppe Verdi. - Roma: Bulzoni 1979.
Bragaglia, Leonardo: L'arte dello stupore. Omaggio a Maria Callas. - Roma: Bulzoni 1977.

Callas, Evangelia: My daughter Maria Callas. - London Frewin 1967.
Callas, Jackie: Sisters. - London Macmillan 1989.
Cataldo, Glauco: Il teatro di Bellini. Guida critica. - Bologna 1980.
Cherubini, Luigi: Lettere inedite di Luigi Cherubini. Hrsg. v. Franco Schlitzer. - Roma 1960.

Dufresne, Claude: Maria Callas. - München: Wilhelm Hayne Verlag 1991.

Galatopoulos, Stelios: Primadonna assoluta. - London: Allen 1976.
Gara, Eugenio: Die großen Interpreten: Maria Callas. - Genf: Kister 1957.
Gastel-Chiarelli, Cristina: Maria Callas. - Venezia: Marsilio 1981.
Gatti, Carlo: Il teatro alla scala nella storia e nell'arte. - Milano: Ricordi 1964.
Gobbi, Tito: My life. - London: Macdonald and Janes 1979.

Hauert, Roger: Maria Callas: - Frankfurt: Limbert 1958.
Herzfeld, Friedrich: La Callas. - Berlin: Rembrandt 1959.
Honolka, Kurt: Die großen Primadonnen. Von der Bordoni bis zur Callas. - Stuttgart: Cotta 1960.

Jellinek, George: Callas. Portrait of a primadonna. - New York: Ziff - Davis 1960.

Kalogeropoulos, Evangelia: My daughter Maria Callas. - New York 1960.
Kesting, Jürgen: Maria Callas. - Düsseldorf: Claassen 1990.
Kuchner, Hans: Genien des Gesanges aus dem Zeitalter der Klassik und Romantik. - Basel 1951.

Lauri-Volpi, Giacomo: Voci parallele. - Milano: Garzanti 1960.
Lauri-Volpi, Giacomo: Misteri della voce umana. - Milano: Dall'olio s.a.
Legge, Walter - Schwarzkopf, Elisabeth: Gehörtes, Ungehörtes, Memoiren. - München: Noack - Hübner 1982.

Linakis, Steven: Diva. The life and death of Maria Callas. - London: Owen 1981.
Lippmann, Friedrich: Vincenzo Bellini und die ital. Opera seria seiner Zeit. - Köln - Wien 1969.
Lorcey, Jaques: Maria Callas. - Paris: Edition PAC, Collections Tetes d'Affiche, 1978..
Löbl, Karl: Das Wunder Karajan. - Bayreuth: Hestia 1965.

Marchand, Polyvios: Maria Callas. Ihre griechische Karriere. - Athen: Gnossi 1983.
Meneghini, Giovanni Battista: Maria Callas mia moglie. - Milano: Rusconi 1981.
Meneghini, Giovanni Battista: My wife Maria Callas. - London, Sydney, Toronto 1982.

Pasi, Mario: Maria Callas. La donna, la voce, la diva. - Milano: IMI 1981.

Rasponi, Lanfranco: The last Primadonnas. - London: Victor Gollanez 1984.
Rémy, Pierre Jean: Callas. Une vie. - Paris: Ramsey 1982.
Rosenthal, Harold: Great singers of today. - London: Calder and Boyars 1966.
Rosenthal, Harold: Two centuries of Opera at Covent Garden. - London: Putnam 1958.

Sciortino, Gaetano: La Tecnica del belcanto. - Palermo 1959.
Segalini, Sergio: Callas. Portrait of a diva. - London: Hutchison 1981.
Serov, Viktor: Renata Tebaldi. The woman and the diva. - New York 1961.
Servadio, Gaia: Luchino Visconti. A Biography. - London: Weidenfeld & Nicolson 1981.
Stancioff, Nadia: Callas, Biographie einer Diva. - Zürich: Schweizer Verlagshaus 1988.
Stassinopoulos, Arianna: Die Callas. - Hamburg: Hoffmann und Campe 1981.

Verdi, Giuseppe: Briefe zu seinem Schaffen. - Frankfurt 1963.
Verga, Carla: Maria Callas. Un mito. - Milano: Mursia 1986.

Wisneski, Henry: Maria Callas: The Art behind the Legend. - New York: Doubleday 1975.

Zeffirelli, Franco: Autobiographie. - München: Piper 1987.

Artikel in Sammelwerken

Kesting, Jürgen: Die Ära der Callas. In: Die großen Sänger. Jürgen Kesting. 1. Aufl. Bd. 3. - Düsseldorf: Claassen 1986.

Steane, John: Maria Callas und *La Traviata*. In: La Traviata. - Hamburg: Rowolt 1983.

Oper: Eine illustrierte Darstellung der Oper von 1597 bis zur Gegenwart. - Wiesbaden: Drei Lilien 1981.

Knaurs Weltgeschichte der Musik. - München - Zürich: Droemer, Knaur 1968.

Danksagung

Mein Dank gebührt Prof. Dr. Harald Goertz, der das Manuskript gelesen und konstruktive Vorschläge beigesteuert hat.
Ferner danke ich Irene Loizou für ihre liebevolle Unterstützung sowie Luisa Ricaldone, Gerry Mc Niece, Eugenia Kanthou, Kostas Serezis Sofia und Takis Kalogeropoulos, Dr. Polyvios Marchand, Konstantinos Samoilis und Renate Huber für ihr Interesse an meiner Forschungsarbeit und ihre wichtigen Hinweise.
Schließlich gehört mein Dank Wolfgang Harrer, der meine Arbeit und ihre Niederschrift in jeder Weise unterstützte und dem dieses Buch gewidmet ist.

Wien, im Oktober 1993   ELENI KANTHOU

Register

Morresi, Giuseppe 147, 149-151, 153
Morris, Charles 151
Moscona, Nicola 111, 126, 129, 141, 142, 149
Moulas, G. 107
Mozart, Wolfgang Amadeus 16, 17, 71, 78,
      115, 117, 146, 151, 155
Mugnai, Umberto 111, 116, 141, 143
Muzio, Claudia 22

N

Nache, Maria Luisa 119, 145
Natali, Valiano 144, 150
Neri, Giulio 35, 109, 111, 112, 114, 116-119,
      129, 143, 144, 151
Neroni, Luciano 110, 141
Nessi, Giuseppe 147, 148, 150
Newton, Ivor 140, 157
Nicolai, Elena 145, 146
Nordio, Mario 36

O

Offenbach, Jaques 14
Ollendorf, Fritz 127, 149
Oltrabella, Augusta 19
Onassis, Aristoteles 38, 62, 75, 76, 103

P

Pace, Miti Truccato 142
Pacetti, Iva 22
Pagliughi, Lina 44, 112, 142
Pallandios, M. 16
Pana, Hevi 13
Panerai, Rolando 65, 112, 118-120, 123, 125,
      127, 142, 144-146, 148-150
Papadopoulou, M. 107
Papanastassiou, Fani 105
Parides, Andreas 105, 106
Pasi, Mario 89, 91, 92, 95, 99, 100, 160
Pasolini, Pier Paolo 63, 76, 103, 139
Pasta, Giuditta 22, 23, 37, 39, 43, 60, 67
Patoni, Edna 143
Paxinou, Katina 61
Pelizzoni, Rinaldo 112, 153
Penno, Gino 110, 114, 115, 117-119, 144, 145
Pergolesi, Giovanni Battista 16, 83, 106

Perotti, Eva 150
Perucchini, Giovanni Battista 94
Peterson, Glade 132, 134, 152
Petroff, Ivan 112, 142
Pettini, Lido 142
Pfeffer, B. 105
Piave, Francesco Maria 43
Picchi, Mirto 109, 111, 112, 114, 117, 118,
      122, 128, 134, 142, 144, 151
Picco, Guido 111, 112, 116, 141-143
Pini, Amalia 110, 141
Pinto, Barreto 72
Pirazzini, Miriam 109, 110, 113, 119, 120,
      128, 129, 151
Poggi, Gianni 114, 116-118, 120, 143, 144
Poldi, Piero 144
Ponchielli, Amilcare 101, 108, 116, 117, 133,
      144, 153, 157
Ponirides, Georgios 20
Ponselle, Rosa 22
Prêtre, Georges 74, 75, 83, 135-139, 153-156
Pringle, Stanley 78
Pritchard, John 29, 117, 118, 127, 130, 151, 152
Proch, Heinrich 113, 142
Protti, Aldo 110, 111, 119, 120, 122, 147
Pruvost, Jacques 155
Psaroudas, Joannis 14, 93
Puccini, Giacomo 14, 15, 30, 73, 75-78, 92, 101,
      105, 106, 108-112, 114, 116, 119, 120,
      123-126, 128, 129, 137-139, 141, 143,
      145-147, 149-157

R

Raimondi, Gianni 116, 124, 125, 127, 130,
      134, 143, 148, 150
Raskin, Judith 131, 152
Rasponi, Lanfranco 19, 93, 94, 160
Ratti, Eugenia 123, 125, 127, 129, 147, 149,
      151
Rémy, Pierre Jean 89, 91, 160
Rescigno, Nicola 54, 76, 122, 124, 128-135,
      137-139, 151-153, 155-157
Rialland, Louis 138, 152, 156
Ricci, Antonio 151
Ricciardi, Franco 147-150
Ricco, Inginio 141
Rimoch, Rosa 143
Ristori, Benno 142
Roberts, Leah 151
Robertson, Duncan 152
Robinson, Forbes 130, 151
Rodriguez, Rosa 141, 142